Petite histoire
des fleurs de l'Histoire

Pierre Miquel

Petite histoire des fleurs de l'Histoire

Des iris de Clovis aux cent fleurs de Mao

Albin Michel

Toutes les illustrations proviennent de l'agence AKG Photo Paris, sauf :
Jean-Loup Charmet : pages 106, 113, 135, 161, 179, 227, 237, 269.
D.R. : pages 59, 93, 155, 171, 175, 219, 229, 277, 281.

22, rue Huyghens, 75014 Paris

ISBN : 2-226-08904-7

De l'usage historique des fleurs

De l'œillet rouge des bousingots, ces républicains de Louis-Philippe, ou blanc des camelots du roi, ces infatigables manifestants contre la « Gueuse », la République de la fin de l'autre siècle, aux roses rouges de François Mitterrand, les fleurs ont souvent éclos, dans notre pays, à la boutonnière des citoyens et des militants.

Elles expriment d'abord un besoin de reconnaissance. Se reconnaître, c'est arborer un signe, une couleur qui permettent de distinguer les amis des ennemis. Quand les soldats ne portaient pas d'uniformes, au temps d'Henri IV, ils se ceignaient d'écharpes blanches, rouges ou vertes. Pendant la Révolution française de 1789, les partisans du roi et de la reine plaçaient à leur chapeau la cocarde noire d'Autriche, par provocation, contre la tricolore, celle du peuple. Le signe de reconnaissance pouvait être un branchage, ou une simple feuille verte, comme celle que Camille Desmoulins, sous les frondaisons du Palais-Royal, désignait aux patriotes. Il pouvait enfin être une fleur, blanche, rose ou rouge. La couleur indique l'appartenance : montrez votre couleur !

La reconnaissance implique le sentiment partagé d'une communauté en lutte. Elle suppose que les gens rassemblés sous le signe pensent de même et agissent ensemble. Par là, la fleur choisie acquiert une valeur symbolique ; le lys pour les royalistes français, l'œillet rouge pour les républicains, plus près de nous la rose pour les socialistes des élections françaises de 1981. Le symbole devient alors simplement un *logo*, un signe officiel d'appartenance à un parti. Ainsi, aux élections présidentielles de 1995, le pommier de Jacques Chirac. La pomme contre la rose : un combat de botanique.

La fleur peut avoir été retenue en raison de sa symbolique héraldique : le lys est la couleur des armes de France, de la bannière de Saint-Denis ; le combat des Deux-Roses, en Angleterre, est celui de deux familles princières. Les fleurs symbolisent rarement les nouvelles nations. Certes, le navire qui transporta de Southampton en Amérique les premiers immigrants européens, fondateurs en 1620 de Plymouth, s'appelait « Fleur de mai », *Mayflower* ; mais l'histoire ne dit pas si les puritains qui ont foulé le sol américain portaient ou non une fleur à leur chapeau...

Aucune fleur ne figure sur un pavillon national, des feuilles plutôt – l'érable du Canada, le trèfle à quatre feuilles de l'Irlande –, des étoiles, des astres, comme le soleil nippon, ou des arbres, comme le cèdre du Liban. Le lys de France est la seule fleur qui ait jamais été jugée digne de figurer sur un pavillon. La répétition des révolutions du XIXe siècle a confirmé sa valeur symbolique, mais, au lieu de représenter la nation dans son ensemble, il est devenu l'emblème de ceux qui veulent abolir un régime, le républicain, et restaurer celui de leurs ancêtres.

Il reste que certaines fleurs privilégiées sont universellement reconnues comme le symbole d'une culture nationale : le chrysanthème a longtemps symbolisé le culte impérial pour les Japonais, le lotus a été un emblème pour les Crétois, comme le coquelicot de la Grande Guerre pour les Anglais, l'edelweiss pour les Suisses ou les Autrichiens, les roses pour les Iraniens, le chardon pour les Écossais, le muguet pour les Russes, la tulipe pour les Hollandais... Les fleurs peuvent symboliser aussi des provinces : les violettes de Toulouse, le lin d'Armentières, les roses d'Orléans ou de Provins ; les fleurs de mirabelliers annoncent la Lorraine et celles du pommier la Normandie, la lavande est de Provence et la bruyère de Bretagne, quand le Nord chante les lys et l'Alsace les houblons.

De la sorte, les fleurs ont leur place dans l'Histoire, non pas celle des sacres et des batailles, mais des fêtes, des révolutions, des départs à la guerre, des retours à la paix, des manifestations de résistance, des grands émois nationaux. Elles sont toujours présentes quand les peuples ont des raisons de se rassembler et d'exprimer des sentiments. Leur capacité affective les fait rechercher par les politiques qui veulent créer un mouvement : ainsi Mao Zedong baptise les « Cent Fleurs » une politique nouvelle, volontariste, où il veut entraîner la Chine ; ainsi de Gaulle, pour donner aux résistants l'occasion de s'affirmer publiquement, donne-t-il la consigne de fleurir les tombes des anciens combattants, au premier 14 Juillet de guerre, de bleuets, de marguerites et de coquelicots, les fleurs des campagnes de France.

Le choix des fleurs n'est jamais innocent : leur couleur, comme celle du drapeau, témoigne d'un engagement. Il n'est pas davantage neutre ou indifférent : la puissance affective de la fleur, ressentie, partagée intimement par une communauté, la charge, en certaines occasions, des espoirs d'un peuple.

Les fleurs participent aussi aux rassemblements cultuels, exprimant des hommages collectifs, ou une recherche de pureté. L'archange Gabriel apparaît souvent sur les peintures italiennes du Quattrocento, dans la scène de l'Annonciation, un lys à la main. Les rois très chrétiens utilisent ce même symbole de pureté ; par exemple, quand Saint Louis, le roi croisé, rend visite à sa mère Blanche de Castille à l'abbaye de Dammarie-les-Lys, proche de Melun. Ces fleurs nobles, au parfum si délicat qu'il est presque imperceptible, ont leur place derrière les autels dans toutes les églises du royaume : leur signification est alors plus religieuse que politique, elles ont perdu leur pointe guerrière.

L'introduction des roses dans le culte catholique a aussi son histoire. Cette fleur d'origine orientale, qui décorait les palais des émirs et des sultans, est devenue l'attribut symbolique de la Vierge du Rosaire ; on lui attribue le pouvoir étrange de dégager autour des tombeaux des saints cette « odeur de sainteté » que les règlements romains rendaient obligatoire à la reconnaissance officielle, à la « canonisation » d'un bienheureux après sa mort. Les roses de la Vierge sont immaculées, roses de serre et de culture, de croisements et de soins savants comme si le « rosaire » répugnait à l'emploi de fleurs rouges ou simplement roses. Leur symbolique se développe constamment au Moyen Âge, jusqu'à devenir une partie essentielle du culte marial avant qu'elles ne basculent, avec les rose-croix, dans le camp des francs-maçons.

D'autres fleurs ne sont pas jugées indignes du culte, comme les arums cultivés, à spathe blanche, intervenus beaucoup plus tard dans les décorations d'église aux côtés du lilas blanc, qui se distingue, aux dimanches villageois, du plus populaire lilas rose, fleur de barrières et de guinguettes. La victoire des fleurs blanches, en tout cas, est complète. Le culte tolère aussi le rose, mais répugne au doré, au mordoré, à l'orange éclatant, au rouge fulgurant, couleurs de péché capital. Le blanc n'est pas seulement signe de pureté, il suscite le recueillement, l'élévation, la prière : l'absence de couleur est un signe de détachement du monde. Le lys, dans sa forme hiératique et son blanc immaculé, est à cet égard la fleur inespérée, celle qui offre, sur sa hampe miraculeuse, le plus rare : un royal oubli de la nature, de la faute, et du péché originel, celle qui monte au ciel sans se soucier de plaire et d'embaumer, guidée seulement par la lumière surnaturelle.

Une concession cependant dans le culte catholique, celle du chrysanthème qui s'est imposé dans les cimetières d'Occident, au jour des morts. On tolère que ces boules de feu symbolisent les âmes de « tous les morts », de ces disparus devenus purs esprits du paradis, auréolés et réchauffés du soleil divin. Elles viennent d'Extrême-Orient ; elles ont dû suivre le long trajet des navires à voile et s'acclimater avant de figurer en masse, à l'étal des fleuristes qui les offrent par millions, chaque année, au culte des morts. Au Japon, cette fleur symbolise le soleil impérial ; en Europe, elle s'apparente à la résurrection, évoque par ses chaudes couleurs le retour à la vie promis par l'Évangile, comme si sa touffe d'ocre, flammée, mordorée, annonçait déjà l'ouverture des sépulcres et la nouvelle incarnation des morts au soleil de novembre.

Elles peuvent être porteuses de légendes, et non pas seulement matières de célébration, ces fleurs du culte catholique. Comme les « sabots de la Vierge », orchidées miraculeuses du désert d'Égypte qui auraient offert aux pieds nus de Marie leurs pétales. Les exemples abondent de plantes qui doivent leur nom à l'histoire chrétienne : les fleurs de la Passion sont ainsi nommées, non en raison de leur teinte d'un bleu soutenu tirant sur le mauve, mais sans doute de leurs pétales en croix. Les fleurs pourpres, rose lilas des arbres de Judée existent en Europe orientale depuis l'ère tertiaire : sans doute ne portaient-elles pas ce nom avant le XVIe siècle, date de leur apparition dans les premiers ouvrages de botanique. On disait alors que, blanches à leur création, elles s'étaient teintées du sang du Christ. Le paternoster est également un arbuste fort répandu dans l'Orient chrétien, ainsi nommé parce que les graines de ce lilas de Perse sont de forme parfaitement pentagonale : on s'en servait pour fabriquer des chapelets.

Le christianisme est, comme toute religion, un produit de l'histoire. Son rapport à la nature est commandé par sa vision du monde. Que le puritanisme l'emporte, voilà les fleurs condamnées, réduites à des images de volupté trompeuse, diabolique, tentatrice. Point de bouquet chez les puritains, point de lances glorieuses de lys, ou d'amoncellement de roses. Que le besoin se fasse sentir d'un retour à la nature, conçue comme une création divine, les fleurs font leur entrée sur les autels, triomphales. Elles envahissent même la décoration des murs, des colonnes, des chapiteaux : voici le temps de la floraison flamboyante, des roses baroques du culte marial, des bouquets du rosaire des temps sulpiciens. Saint Augustin, le premier, a vécu ce combat des tentations. Les fleurs lui disent, dans un premier temps, qu'elles ne sont pas Dieu, mais qu'elles ont été créées par Dieu. Leurs attributs inquiètent le saint ; leurs couleurs éclatantes, mais surtout leurs parfums. Ambiguïté de l'odorat : l'odeur de sainteté élève l'âme, mais les senteurs troublantes du musc ou du jasmin la portent au péché. « Les yeux aiment les formes belles et variées, écrit Augustin, leurs couleurs brillantes et fraîches, mais puissent-elles ne pas captiver mon âme. » Il faut se garder des parfums : « Absents, je ne les recherche pas, présents, je ne les dédaigne pas, mais je suis prêt à m'en passer constamment. » Pas de fleurs pour le saint évêque de la ville d'Hippone, où cependant elles pullulent à la belle saison, à moins qu'elles n'annoncent la maturation des fruits sacrés, ceux de la miséricorde.

Les anciens n'avaient pas de ces préventions morales. S'ils coupaient les fleurs, c'était pour tresser les couronnes des vainqueurs d'Olympie, de Dionysos l'Ionien, des héros de l'Iliade ou des dieux de l'Olympe. Le culte floral fait partie de leur histoire. César triomphant à Rome refuse la couronne impériale mais ne dédaigne nullement les lauriers du vainqueur. L'apothéose des augustes divinisés s'accompagne du sacrifice de milliers de fleurs qui répandent leurs parfums autour du bûcher. Les fleurs sont partout présentes dans la vie des Égyptiens, des Crétois, des Grecs, des Puniques et des Romains. Elles diffusent d'abord leur message de gloire, à partir de l'Olympe.

On assure qu'un sultan avait réuni une caravane de cinq mille chameaux pour gravir les pentes de la montagne sacrée des Grecs et parvenir le premier au sommet. Il voulait, dans une sorte de sacrilège, fouler au pied les prairies fleuries des dieux qu'il méprisait. Ce Mehmet IV quitta, en plein été, son palais brûlant de Larissa, vers le milieu du XVIIe siècle. Les chameaux escaladèrent vaillamment, presque allégrement, les pentes de moins en moins pelées, de plus en plus verdoyantes, jusqu'à parvenir au gazon où Coré, la fille de Déméter, déesse de la végétation, cueillait des fleurs, selon la légende, quand elle fut enlevée par Hadès, le dieu du monde souterrain. Inspira-t-elle au sultan des sentiments de crainte révérencieuse ? Il rebroussa chemin sans avoir jamais pu admirer les tulipes sauvages d'Héra, les anémones d'Aphrodite et la corbeille d'argent de Zeus.

Les plus inquiétantes des fleurs sont celles qui parlent de la mort : la ciguë de Socrate, dont le suc paralyse, ou le pavot de Déméter qui la consolait du départ de sa fille Coré, triste jusqu'à mourir – ou encore le myrte à feuilles piquées de milliers de trous d'aiguille par Phèdre qui dans son ressentiment amoureux martyrisa l'arbre sacré de la déesse de l'amour, avant de se pendre à ses branches.

Les fleurs des enfers campent le décor réservé aux humains.

Les prairies garnies d'asphodèles pâles et grises attendent les ombres errantes dans les champs souterrains d'Hadès. Plus heureux sont ceux qu'Iris, la messagère des dieux, conduit aux Champs Élysées en suivant le chemin de l'arc-en-ciel. La fleur qui porte son nom est déposée sur les tombeaux, comme promesse de bonheur dans l'éternel. D'autres asphodèles aux pétales tachetés décorent les champs Élysées, mais l'armée des ombres, qui suit le fleuve Achéron, n'a droit qu'aux fleurs blêmes, symboles mortuaires qui créent le décor en grisaille de l'au-delà.

Naturellement la décoration des tombes des héros sert de modèle à tous les mortels. La noyade légendaire de Narcisse, fils de Céphise, dieu de Béotie, a permis de donner son nom à la fleur dorée, seul témoin de son passage sur la terre. On offre aux défunts des narcisses qui égaient les tombes. Narcisse fait ainsi partie de l'imaginaire des Grecs, qui lui sont restés fidèles pendant toute leur histoire et ont transmis son culte aux Romains.

La Grèce compte beaucoup plus de fleurs que de dieux et de héros, mais chacun dispose au moins d'une fleur et parfois d'un bouquet qui symbolise sa présence parmi les mortels. Ce n'est pas l'absence des dieux qui préoccupe les Grecs, mais leur familiarité, leur présence continuelle dans la vie quotidienne. Aussi les fleurs sont-elles constamment associées non seulement aux faits légendaires qui ont construit la Grèce antique, mais aux événements de la vie quotidienne. Les plus humbles ont leur place dans les sanctuaires, comme les plus rares, de même que l'Athéna Promachos d'Athènes admettait auprès d'elle une Athéna Ergané, divinité obscure des ouvrières de la cité.

Les Grecs aiment les fleurs jusqu'à la folie et recourent à leur mystérieux office pour se garder des dangers de la vie et profiter pleinement de leur existence terrestre. Ils ont introduit la fleur dans l'histoire des mentalités religieuses, la cueillant aux prairies des dieux. Gardez-vous d'en mépriser aucune, elles sont toutes inspirées de quelque esprit divin, même les fleurs des champs comme cette *Consolida Ajacis*, sorte de pied-d'alouette jailli du sang d'Ajax pendant la guerre de Troie ou la giroflée robuste qui pousse aux murs de pierre de l'Acropole d'Athènes, aussi indestructible qu'une nymphe immortelle. Les immortelles, précisément, ont été cueillies d'abord par la nymphe Hélichryse et jugées dignes, en raison de leur couleur dorée, de figurer en couronnes sur la tête des dieux.

La pratique du couronnement est constante dans la religion grecque, dans les rites de la vie des cités, et même de la vie privée. On couronne les jeunes mariés, mais aussi les participants aux noces. Certaines de ces cérémonies joyeuses sont célèbres et racontées par les aèdes, poètes du temps d'Homère, comme celle de Jason et de Médée, où les Argonautes avaient cueilli des fleurs pour en tresser des couronnes qui entouraient leurs cheveux d'or. Les fleurs les plus humbles sont utilisées, comme si seuls importaient leur couleur et leur parfum : l'humble perce-neige figure aux noces, et le glaïeul sauvage à la fête de Déméter. La marguerite jaune d'or éclaire le banquet des dieux, et Dionysos raffole de la clématite. Les œillets roses sont fort recherchés, plus que les roses elles-mêmes, rustiques et modestes, souvent appelés roses des chiens, parce qu'on les trouve au bord des sentiers. Si humbles fussent-elles, les roses grecques n'en évoquaient pas moins le souvenir d'Adonis et les rosiers à cent fleurs le jardin du roi Midas, l'homme le plus riche de la Grèce d'Asie.

La dignité sacramentale des fleurs est une donnée de l'histoire des mentalités antiques. Les Grecs ont inventé Chloris, dont les Romains ont fait Flore : une déesse des fleurs qui semait les graines selon les caprices d'Héra, l'épouse jalouse de Zeus. Le jeune dieu Zéphir, qui réveillait tous les ans les campagnes de Grèce au souffle printanier du vent d'ouest, transportait dans les plis de son manteau leurs mille espèces. Coré-Perséphone se préoccupait aux enfers du renouvellement nécessaire de la nature et, si elle brandissait un bouquet de pavots qui symbolisait le sommeil de l'hiver, elle offrait aussi l'épi de blé, que sa mère Déméter ferait germer. Ainsi l'histoire des Grecs et des Romains est-elle constamment accompagnée de légendes où les fleurs ont leur part, parce que celles-ci expriment les sentiments, les craintes et les amours des hommes.

La coutume de rassembler les fleurs en jardins vient de loin : avant les Grecs et les Romains, elle était aussi pratiquée par les Perses, les Indiens, les Égyptiens, les Babyloniens et les Hébreux. Elle s'est constamment affinée, jusqu'à prêter un langage à la disposition des fleurs en parterres, en bosquets, en groupes d'arbres fleuris à certaines époques de l'année, lors de la fête des dieux par exemple. Les jardins romains expriment certes la passion immodérée de gloire et de pouvoir des hôtes du Palatin, mais aussi leur goût de la volupté, des parfums rares, de la folie créatrice, disposant sans égard pour les règles traditionnelles les touffes les plus échevelées de fleurs venues d'Extrême-Orient ou d'Extrême-Occident, et même les vénéneuses qui permettent les crimes. Si les lauriers-roses et les myrtes l'emportent au Palatin des Néron, des Trajan et des Caracalla, on peut y cueillir aussi les fleurs noires et pourpres d'Agrippine, celles qui donnent à coup sûr la mort.

Plus pacifiques sont les jardins d'Extrême-Orient, dont les fleurs manifestent la joie d'échapper au monde pour vivre, comme au sommet de l'Olympe, dans la familiarité des dieux.

Les jardins impériaux sont remarquables d'abord par leur architecture et les figures très élaborées qui accompagnent les cheminements de dalles de pierre, les ouvertures sur les paysages reconstitués, les découvertes de scènes végétales et florales, les bassins fleuris de nénuphars à fleurs d'or.

Le premier empereur de la dynastie Qin fit dessiner un jardin nommé Shang Lin Yuan, au sud d'une rivière. On construisit plus tard au milieu du lac Tai Yi trois îles artificielles qui représentaient le paradis. Elles étaient plantées de fleurs mystérieuses. Plus tard encore, l'empereur Wen, de la dynastie Wei, inaugura le célèbre jardin de la forêt odorante de Luoyang, dont les arbres étaient choisis pour leur précieuse floraison.

Ces empereurs cherchaient à imaginer, dans leurs retraites, des dispositions de fleurs qui aident à la vie contemplative. Cette tendance fut encore plus marquée au temps des Jin de l'Ouest, à la fin du IIIe siècle après Jésus Christ. Le taoïsme et le bouddhisme renforçaient le désir de retraite dans la nature florale, pour obtenir le détachement religieux qui ouvrait les champs de la félicité. Le bateau-dragon du « jardin de l'Ouest » construit par Wen Di, un empereur de la dynastie Sui, découvrait en glissant sur un réseau de canaux des massifs de fleurs rares disposées de la main du dieu. Au temps des Song du Nord, Hui Zong, ayant perdu son empire, avait imaginé de construire dans la cité de Bian Liang la « montagne de la Longévité », dominant un lac aux îles artificielles. Les pics de cette montagne, de cent cinquante mètres de haut, étaient constitués de blocs que des milliers de porteurs transportaient.

Les Chinois plantaient dans leurs jardins secrets des forêts de pruniers, des bosquets de cerisiers, des Himalayas de roses. Les « transports en masse de fleurs et de pierre » nourrirent sur place, pendant douze ans, une armée de coolies : rien n'était trop beau pour construire, sous la dynastie Qing, le « jardin des jardins » dans le faubourg de Pékin. Les soldats anglais et français, en 1860, foulèrent au pied les mille fleurs venues de tout l'empire, qui faisaient la parure de cet ensemble presque unique, reconstituant plus de vingt paysages de rêves, tous consacrés à la gloire de l'Empereur qui voulait apparaître aux yeux de ses sujets comme le chef d'une famille élue par dieu, régnant de droit divin. Le jardin et ses fleurs devaient refléter cette arrogance sacrée par une ordonnance très hiérarchique. La retraite impériale n'était plus la cachette inspirée des premiers empereurs aux trois îles d'or, mais l'enceinte interdite d'un être exceptionnel, vivant dans la familiarité de l'éternel, et que rien d'humain ne devait troubler : à lui les fleurs les plus rares et les plus précieuses, celles que ses humbles sujets pékinois ne verraient jamais.

Dans les jardins privés de l'ancienne Chine, les fleurs exprimaient seulement la volupté de la retraite individuelle des hommes riches, qui s'arrachaient au monde officiel pour retrouver dans un décor de verdure la sérénité intérieure de Bouddha. Le jeu était de reconstituer sur un petit espace de trois hectares au maximum des montagnes et les trois lacs rituels, égayés de fleurs de nénuphar et de jacinthes sauvages. Les plantes choisies étaient symboliques, comme le bambou ou le prunier, dont les fleurs signifiaient persévérance et loyauté. Les massifs s'accrochaient aux rocailles, des pivoines en pots étaient rassemblées dans les cours aux noms évocateurs des pavillons « de la Promenade nonchalante » ou « de la Vague houleuse ». Les lys, les fleurs de pommiers sauvages chinois, les roses, les jasmins d'hiver, les osmanthus et les magnolias y constituaient un discours floral ponctué de calligraphies de poèmes. Dans les jardins des temples, la fleur de lotus était celle que le dieu préférait. On l'admirait dans sa profusion par les ouvertures quadrilobées de l'architecture en forme de fleur de prunier. Ainsi l'art floral était au centre de la méditation des mandarins, fonctionnaires en poste ou ministres déchus des empereurs qui se succédaient au pouvoir.

L'amour de la nature de ces lettrés s'exprimait à travers cet art, qui était entré par le biais des jardins dans l'environnement social des hautes classes. De la sorte, les fleurs, qui exprimèrent pendant des siècles la fermeté et l'origine divine du pouvoir impérial, pouvaient aussi servir la cause des révoltes ou des révolutions. Le public, depuis les débuts de la dynastie des Qing, avait pris l'habitude de fréquenter ces jardins fastueux qui lui étaient, certains jours, ouverts. La salle dite « de la Venue du printemps » du jardin Yu à Shanghai fut utilisée en 1855 par la société dite de l'Épée qui, bravant le tabou social, y tint le quartier général d'une puissante révolte paysanne. On a déjà vu que Mao Zedong utilisa plus tard le thème floral pour rassembler les millions de partisans qui devaient conduire le pays, dans l'enthousiasme, sur le chemin du progrès.

La valeur symbolique des fleurs était subtilement décrite par les poètes chinois, mais aussi bien par les Japonais, qui intégraient les fleurs dans leur histoire. Si le chrysanthème était la fleur sacrée de l'Empereur, les cerisiers en fleur, blancs et roses, suscitaient tous les ans au printemps un mouvement de masse appelé l'*hanani* : fêtes et pèlerinages se multipliaient pour honorer la « fleur des fleurs », qui, par son caractère éphémère, symbolisait l'existence des hommes. Un cerisier vénérable était l'objet d'un culte particulier, dans la cité impériale de Tōkyō. Un moine aurait planté le premier de ces arbres sacrés, mythiques, irremplaçables, dans l'île de Honshu, sur les pentes du mont Yoshino, au sud de Kyōto. L'Empereur y fêtait chaque année l'*hanani*. Des milliers de Japonais s'y rendent encore aujourd'hui. Un des groupes d'action des pilotes kamikazes, pendant la dernière guerre, s'appelait « cerisiers sauvages » : le culte floral, d'abord impérial, est lié à tous les épisodes de l'histoire du Japon. Plus profondément, il est attaché au sentiment religieux, très fort chez les Japonais : « Il ne faut jamais toucher aux fleurs de cerisiers, ce sont les âmes des guerriers », dit Kurosawa dans son film *Rêve*.

Si les fleurs se retrouvent au détour de l'histoire des peuples, et constamment dans leur vie quotidienne, elles sont associées au développement de la vie de cour, du luxe des puissants, dans toutes les civilisations, et plus ou moins liées aux pratiques cultuelles. Dans les pays musulmans, elles peuvent quelquefois sembler étrangères au culte, mais elles envahissent la vie privée et répandent sur les terres du parcours méditerranéen de la guerre sainte, depuis le VIIe siècle de l'ère chrétienne, la culture des fleurs particulières à l'islam jusqu'aux lointains jardins d'Espagne.

Il est remarquable que la sensibilité marocaine rapproche aujourd'hui les fleurs des jardins princiers de celles, éclatantes, des palais de Pékin et de Shanghai. Ahmed Sefrioui affirme qu'il admire « la vieille sagesse chinoise selon laquelle toute entrée dans un jardin ne doit pas se limiter pour l'homme à une simple modification de l'environnement, elle doit provoquer en lui un choc qui modifie son paysage intérieur et contribue à l'élargissement de sa conscience, à la transformation de ses rapports avec le monde [1] ». Les fleurs contribuent à construire un paradis d'essences rares, dont la tradition vient de Perse, de Babylone, de Syrie et d'Égypte. On ne retrouve pas dans les jardins de l'islam les trois îles des jardins chinois mais toujours les plans d'eau fleuris de nénuphars et les quatre

1. Irène Menjili de Corny, *Jardins du Maroc. Le temps apprivoisé*, p. 9.

cours d'eau du Paradis d'Allah. Le miroir liquide n'est-il pas le symbole de la vie éternelle, celle qui attend les élus du Seigneur ? Les fleurs n'évoquent-elles pas les quatre-vingt-dix noms et attributs de Dieu du Coran ? Le jardin, en persan, se dit *gulistan*, jardin des Roses, ou *al-bustan*, lieu béni de parfums d'essences rares. Deux sourates (XXX, 15 et XLIII, 22), rappellent les parterres fleuris, et bien d'autres les « jardins délicieux ». Les califes et les sultans qui ont semé les fleurs dans leurs jardins ont donc d'abord répondu à la volonté du Dieu, avant toute autre considération. L'art musulman des jardins est lui aussi, contrairement aux apparences, animé par un souci du sacré et de l'au-delà. La littérature et l'art en témoignent.

Les poètes marocains ont chanté le *bellonbra* géant aux fleurs blanches en cornets, les contes fassis, les fleurs d'oranger et de poirier. Ils sont surtout sensibles à la volupté des parfums, comme les créateurs de tapis persans l'étaient à la variété des fleurs blanches et roses des palais princiers. À Séville, à Cordoue, dans toute l'Espagne mudéjare, les fleurs indiquaient la puissance des souverains maîtres du lieu, et la volonté des émirs d'avoir dans leurs palais les plus belles fleurs de la création. Les massifs de marguerites dorées et les buissons de jasmin illustraient à la fois la part de paradis que Dieu concédait au prince et sa munificence somptueuse. L'assimilation des fleurs rares et parfumées à la puissance des princes temporels aimés de Dieu marquait déjà le triomphe social de la botanique savante.

Tunis et ses palais étalaient des parterres qui faisaient au XIIIe siècle l'admiration du narrateur Ibn Khaldūn. Il décrivait les champs d'orangers en fleur et les bassins de nénuphars. Les jardins du Maroc étaient éblouissants. Comment les fleurs n'auraient-elles pas joué le premier rôle dans le légendaire et l'imaginaire de ce pays, alors qu'elles apparaissaient comme l'ornement symbolique des lieux névralgiques de l'histoire : les palais princiers et leurs jardins de paradis ?

Le palais de Yakub al-Mansūr, construit au XIIe siècle à Marrakech n'était rien d'autre que l'illustration de la puissance des Almohades. La maison du Myrte y figurait dans sa gloire. Des fleurs séparaient les plantations d'orangers et de citronniers. Le calife présidait à des courses de chevaux, réunissant ainsi ce qu'il avait de plus précieux, à la « porte des Parterres ». Marrakech, écrivait un chroniqueur de l'époque, « est la ville du Maghreb où se trouvent le plus de jardins et de vergers ». L'assimilation des fleurs à la puissance temporelle est désormais chose faite : celui qui peut s'enfermer dans ses massifs de jasmins et de roses, à l'abri de puissantes et infranchissables murailles, est le maître d'un empire respecté, le plus grand seigneur du Maghreb.

Cette puissance se perpétue longtemps, puisque Thomas Legendre, un voyageur français du XVIIe siècle, au temps des Saadiens, décrit le « grandissime paradis du calife », ses orangers et amandiers couverts de fleurs, ses figuiers et ses jasmins, ses mille essences embaumant le ciel, ses parterres de capucines qui évoquent les pépites d'or, ses lupins à très hautes tiges symbolisant les lances des cavaliers. Les sultans et les émirs sont-ils les seuls à disposer des merveilles de la nature ? Elles sont, au XVIe siècle, à la disposition des croyants qui ont réussi : ils peuvent à leur tour construire les *riyad*, ces jardins à enclos aux rosiers grimpants, semés de fleurs et plantés de fruitiers. Ces paradis individuels regorgent de fleurs symboliques, qui parlent au maître des félicités de la vie éternelle, qui lui en offrent les prémices.

L'art musulman est très largement floral. S'il évite les représentations humaines ou animales, il utilise les fleurs à profusion, dans le bois, la pierre, les mosaïques. Pas de privilège dans les choix : les roses et les arums, les œillets et les iris rejoignent le jasmin et le myrte dans les jardins de Fès, de Tunis ou d'Alger ; la Chella de Rabat, nécropole royale des Mérinides, est perdue dans un parterre de mille fleurs sauvages. La décoration des salles princières n'est que le prolongement des parterres, les peintures elles-mêmes sont florales, comme les poèmes des lettrés. Quand la reine et les femmes du harem se parfument, elles ont recours aux essences de rose, de jasmin et de violette, recueillies et macérées dans l'huile de sésame. Une de leurs fleurs préférées s'appelle « galant de nuit » : sa tige est haute de dix mètres et pousse sous les moucharabiehs des fenêtres lobées.

Les champs d'asphodèles, de soucis jaune d'or, de glaïeuls sauvages et de lauriers-roses ont bercé les rêves de tous les conquérants du Maghreb, avant de les assoupir dans leur rêve de gloire. Pour eux, les champs de fleurs étaient un hommage aux divers aspects de leur puissance. Ils avaient garde de ne pas les négliger, car ils exprimaient la grâce d'Allah pour ses plus éclatants serviteurs.

Est-ce un hasard si les nations les plus dynamiques de l'Europe de l'Ouest ont attaché aux fleurs une valeur croissante, jusqu'à en faire des symboles de souveraineté, comme le lys en France ? Elles deviennent très vite, après la réforme religieuse du XVIe siècle, des signes extérieurs de richesse. Les marchands protestants de Hollande, les huguenots français, les anglicans d'outre-Manche ne sont pas des adorateurs de la rose mariale ni du lys virginal, à moins qu'ils ne considèrent ces fleurs comme un objet d'étude et de science botanique, recherchant les plus rares espèces et obtenant les croisements les plus stupéfiants. Ils ajoutent ainsi une valeur ajoutée à la fleur, qui devient non seulement un objet de luxe, mais de spéculation, comme les diamants ou les chevaux de course.

Plus question d'idolâtrie, ni de profusion de pétales vulgaires aux entrées royales ou aux fêtes du rosaire. Les Hollandais sont républicains, comme les Anglais au temps de Cromwell. Ils ne croient ni à la Vierge ni aux saints. Quant aux banquiers ou aux diamantaires d'Amsterdam, ils tiennent la tulipe noire pour un miracle de l'esprit humain. Comme telle, elle n'a pas de prix. Elle est l'objet d'enchères inouïes, comme les tableaux de Rembrandt. Le culte des fleurs subsiste, mais humanisé : la recherche de fleurs rares atteint un prix inestimable, parce qu'elle cautionne un cheminement savant, patient, rationnel, qui n'encense que la gloire de l'homme, devenu lui-même un créateur, et presque un démiurge, après Léonard de Vinci. Elle est un des produits de la Renaissance et figure, comme le David nu de Michel-Ange, à la cimaise des nouveaux temples, ceux de la fortune, du talent, de la découverte et de la connaissance.

Quel jardin sera jugé digne d'accueillir ces fleurs trop rares ? Elles ne dévoilent leur beauté que dans des serres surveillées, qui deviennent l'annexe indispensable des châteaux. Si les Rothschild dépensent une fortune pour acquérir les azalées précieuses aux couleurs inédites, les rhododendrons écarlates et les orchidées à mutations étonnantes, c'est pour les enfermer dans l'air scientifiquement correct de leurs serres chaudes, pour les faire surveiller jour et nuit, afin qu'elles ne dépérissent pas et que leurs croisements sans cesse renouvelés produisent des espèces encore plus rares. Les hommes de science ont la même passion. Ne dit-on pas que Mendel découvrit les lois de la génétique en observant des fleurs de petits pois ? Si les fleurs se trouvent quelquefois au rendez-vous des pulsions de l'histoire, l'histoire des fleurs n'est pas indigne du devenir des hommes, elle est porteuse de leurs espoirs et témoigne de leurs efforts.

Les peintres de la fin du XIXe siècle ont pris le relais des hommes de science dans l'observation des couleurs : nulle part elles ne sont plus difficiles à fixer que sur les feuilles des arbres ou les pétales multicolores. Pour les observer tout à loisir, Monet créa un jardin utilisant les espèces les plus rares, les plus sophistiquées, à côté des plantes les plus simples, comme les iris, les marguerites et les coquelicots. Ses choix de fleurs étaient délibérés, savamment médités, en fonction de ses recherches sur la lumière et la couleur. Il tenait en effet que l'effet changeant de la lumière créait en réalité les couleurs, qu'elles n'existaient qu'en fonction du soleil.

Il faisait donc venir du monde entier les fleurs capables, par leur contraste, de composer elles-mêmes des tableaux, où le blanc pur rehausserait les couleurs, où les mariages du bleu et du jaune, l'opposition brutale du rouge et du vert seraient autant de prétextes à des recherches approfondies sur la lumière. Il ne dédaignait aucune source d'inspiration, recherchait même les fleurs noires qui permettent de vigoureuses oppositions aussi bien que les riches chrysanthèmes importés du Japon. Il raffolait des roses trémières de toutes les couleurs. Son jardin laboratoire de Giverny produisait un décor qui l'inspirait quotidiennement : pour lui les fleurs n'étaient pas le spectacle délicat offert au sybarite, dispensatrices de parfums rares, mais la matière première de la création. De même, Renoir préférait la nature dans sa spontanéité mais recourait aux roses de couleur sophistiquée. Les progrès foudroyants des croisements de fleurs et l'art des pépiniéristes venaient au secours des peintres. Les fleurs n'étaient donc plus un objet de culte, mais aussi d'étude, et livraient le secret de la lumière, le fondement du monde. De la sorte, pour un agnostique comme Georges Clemenceau à qui Monet avait inspiré sa passion des giroflées roses, le jardin restait bien un lieu privilégié, voué à une autre forme de culte : celui de la passion de comprendre. Pépiniériste lui-même et passionné de nature,

Clemenceau était de ces républicains qui croyaient au progrès infini des connaissances, et sacralisaient volontiers la création artistique. Que les fleurs fussent à la fois un sujet d'étude et un thème riche de création leur inspirait le respect.

Objet de spéculation pour les banquiers, d'étude pour les peintres, d'amour symbolique pour les gens du peuple qui chérissaient aussi bien les lilas des guinguettes que les œillets rouges de la révolution ou les muguets du premier mai, les fleurs étaient associées à toutes les formes de la vie moderne et poussaient hardiment le long du ballast des chemins de fer, nullement gênées par le progrès. Elles devenaient au contraire matière à recherche et à réflexion pour les hommes de science sur les origines de la végétation du monde, les mystères de la lumière, des orchidées androgynes aux fleurs de petits pois aux croisements mystérieux. Elles entraient gaiement dans une nouvelle histoire, celle des mythologies modernes et de la connaissance.

Elles conservaient en même temps leur pouvoir symbolique et parlaient aussi bien aux individus un langage convenu, dont les messages ont bizarrement subsisté de siècle en siècle, jusqu'à devenir une sorte de code floral. On peut s'étonner de cette permanence, mais ce « langage des fleurs » est directement lié au sentiment amoureux, qui ne passe pas. Il a été constamment relayé par les poètes, et ses vertus symboliques, débordant sur la vie sociale, sont entrées dans l'histoire des mentalités.

La dame aux camélias de Dumas aurait-elle été heureuse d'apprendre que la fleur qui a fait sa notoriété signifie banalement, en langage amoureux, « beauté sans prétention » ? Miss Blandish, la pulpeuse héroïne du roman de James Hadley Chase, ne pouvait ignorer que l'orchidée, fleur luxueuse et convoitée, signifie « ferveur, raffinement ». Tous les fleuristes de Paris conseillent d'offrir des roses, et pas seulement aux autels de la Vierge, car ces fleurs signifient amour ou, pour la rose trémière, fécondité. La tulipe noire d'Alexandre Dumas père était synonyme d'inconstance mais aussi message d'amour, comme le savait fort bien Fanfan la Tulipe. Les giroflées de la chanson populaire témoignent de la fidélité dans le malheur et les coquelicots de l'héroïsme du soldat de Rimbaud, mort en plein champ comme plus tard Péguy dans les bleuets de la Marne. La marguerite des chansons ne dit rien de plus que la simplicité et la lavande implique, assure-t-on, une « tendresse respectueuse ». Les fleurs des champs, qui ne s'offrent pas, mais se contemplent seulement, ont des vertus discrètes : le liseron recommande l'humilité, la bourrache annonce un bienfait, les perce-neige un heureux présage.

Certaines fleurs éclatantes ont toujours attiré la sensibilité populaire, comme la capucine, « feu d'amour », ou l'éclatante aubépine qui signifie prudence. Mais qu'on se garde des colchiques d'automne, qui ouvrent la porte, comme l'écrit lyriquement Apollinaire, à la mélancolie, des boutons d'or qui signifient « péril caché, fausse richesse », de la froideur des nénuphars, de l'égoïsme des narcisses, des plaintifs soucis et des inconstants tournesols, qui renvoient à la vanité. Que les fleurs d'abricotiers n'attirent pas les regards, elles sont insensibles, et celles des pommiers annoncent la discorde. Seul le prunier rassure : ses belles fleurs blanches sont un gage de fidélité.

Les bouquets d'œillets ne sont pas toujours bien reçus, car ils sont l'indice d'un cœur capricieux. L'œillet d'Inde est particulièrement dangereux, puisqu'il annonce la séparation. Il faut lui préférer le muguet, symbole du retour au bonheur et porte-bonheur lui-même, le jasmin amoureux, l'attachant héliotrope ou la primevère heureuse. Les amants désunis peuvent envoyer dans leur correspondance des fleurs de myosotis séché qui s'appelle en anglais *forget me not* – ne m'oublie pas. Le lilas est bienvenu aux nouvelles amours puisqu'il signifie « première émotion ». Si l'on veut provoquer son ennemi, qu'on lui envoie des fleurs de chardon qui révèlent le désir de vengeance ou l'hortensia, symbole de « gloire éphémère ». On peut aussi lui expédier l'achillée mille-feuille, signe de guerre, ou le cistre, qui témoigne de la jalousie ardente. Pour l'humilier, on lui fera parvenir de l'hellébore, la fleur des doux maniaques ou des fous déclarés.

Infini langage des fleurs ! Par leur senteur et surtout leur couleur, mais aussi par leur forme majestueuse, élancée, discrète, secrète, elles suggèrent des sentiments que les humains prennent en charge, jusqu'à placer les fleurs dans leurs rêves d'éternité, au cours des cérémonies religieuses, dans les représentations de l'art, dans les fêtes de la vie sociale et jusque dans les comportements individuels. Est-ce un hasard si les principales rencontres collectives en France sont ponctuées par d'étonnantes floraisons : le muguet de mai, les roses du 15 août, les chrysanthèmes et le bleuet de novembre ? Si l'on y ajoute les géraniums de Guillaume Apollinaire qui, aux balcons de Paris, « penchent comme la tour de Pise », si l'on veut bien se souvenir que les floraisons d'amandiers de l'hiver embaument la Provence, comme les fleurs de mirabelliers le printemps de Lorraine, on s'aperçoit que les fleurs sont gibier d'histoire, matière première pour l'historien, au même titre que les sites, la faune ou les forêts, parce qu'elles sont objets de culture, intégrées à l'univers mental des gens de l'espace France depuis la nuit des temps.

La fleur est la créature la plus fragile, la plus périssable mais aussi la plus symbolique de la vie très éphémère des hommes et des femmes. Quoi d'étonnant à ce qu'ils se reconnaissent en elle ? Les femmes surtout. « La femme coupable, disait Balzac, est une fleur sur laquelle on a marché. » Les fleurs ne sont pas plus coupables. Elles fleurissent, l'espace d'un instant. Elles témoignent du temps qui passe, de la lumière qui répand la beauté et de la résurrection perpétuelle de la vie, au-delà de la mort, de la servitude et de l'oppression. Fleurs d'espoir, fleurs d'amour...

I.

Fleurs de pouvoir

Elles le sont doublement. Elles peuvent, comme le lys, symboliser un pouvoir, présumé issu de Dieu, conféré à un souverain qui se réclame de ce symbole et qui veut afficher la pureté mystique de son alliance avec Dieu. Elles peuvent aussi rappeler simplement les couleurs de la famille, de la tribu, à qui appartient le pouvoir.

Cette double origine marque l'ambiguïté des fleurs symboliques des premières monarchies : le lys est-il la fleur divine confiée au roi des Francs, ou l'emblème de la puissance tribale des descendants de Mérovée ? Pour le genêt d'Angleterre ou le chardon d'Écosse, l'explication est plus simple, plus claire : ces plantes affirment une appartenance tribale, ou, si l'on préfère, familiale.

De la notion de fleur de clan, on passe facilement à l'image guerrière : Armagnacs et Bourguignons choisissent des emblèmes, pendant la guerre de Cent Ans. Il en est de même en Angleterre où la longue lutte des aristocraties ennemies oppose deux roses. Qu'est-ce que la cocarde, sinon une fleur artificielle, une fleur éclatée dans un cercle de gloire ?

Du clan on passe aussi insensiblement au parti, qui remet en question un régime dans son principe. Le genre floral se mêle à l'animalier. C'est que l'idéologie vient troubler le jeu :

dès qu'elle montre le bout du nez, il faut choisir entre des principes opposés, dont la symbolisation ne parle plus au cœur, mais à l'engagement politique. La fleur n'est plus un symbole mais un *logo*, un simple insigne de reconnaissance entre les militants : l'aigle des Bonaparte affronte le bleuet, la marguerite et le coquelicot républicains, en même temps que le lys blanc des royalistes, qui n'a plus rien de commun avec les lys d'or sur champ bleu de l'oriflamme des Capétiens. On aurait pu croire ces symboles floraux désuets, depuis la montée de l'étoile rouge. Voici que les révolutionnaires portugais ont choisi l'œillet : à chacun sa fleur.

Le lys blanc des rois de France

Le lys est-il bien, à l'origine, le symbole de la maison de France ? Assurément, disent les royalistes. Pas du tout, prétend le Larousse du XIXe siècle, républicain convaincu, toujours prêt à démythifier les emblèmes réactionnaires. Il faut en convenir : il y a une querelle sur le lys, qui n'est toujours pas vidée.

Pour Bernardin de Saint-Pierre, romancier du XVIIIe siècle à l'imagination féconde et poétique, le lys vient du nom d'un jeune Grec, Loys, métamorphosé en fleur par la déesse Déméter. De lys vient aussi le prénom Louis, des rois de France – d'autres assurent que Louis est la déformation de Clovis, le premier roi des Francs, converti au christianisme par l'évêque de Reims Remi, qui avait régné sur la plus grande partie du territoire. Ainsi le lys serait-il la fleur emblématique des rois. Saint Louis avait pris pour devise une marguerite et des lys, parce que son épouse s'appelait Marguerite et sa mère Blanche. Il portait une bague émaillée en relief où figurait une guirlande de lys et de marguerites. Ces deux blanches fleurs sont donc les armes de France, sans conteste.

Que l'on regarde de près le lys des Mérovingiens, disent les détracteurs : les pétales de la fleur sont recourbés vers le bas ; avec les trois langues qui les figurent orientés vers le haut, il ressemble plus à un iris qu'à un lys. Clovis aurait donc trouvé sa fleur emblématique dans les marécages. Il aurait cueilli des iris jaunes sur les bords de la rivière Vienne, non loin de l'actuelle Châtellerault. Peu après il remportait, en 507, la bataille de Vouillé sur les Wisigoths : la fleur méritait de figurer sur les oriflammes.

Comment l'iris jaune a-t-il pu se transformer en lys blanc ? Sur la bannière déployée de Charles VII, disent les défenseurs du lys, les fleurs n'étaient pas blanches, ni jaunes, mais dorées sur fond d'azur. Voilà qui semble clore la discussion.

Mais le lys de France est-il bien une fleur ? Avec sa pointe d'acier qui ressemble à un fer de lance et la clavette qui la réunit à deux haches à tranchant unique ne serait-il pas plutôt la francisque des chefs francs ? On fera remarquer que d'autres souverains d'Europe ont emprunté le lys, ou l'iris, comme fleur emblématique, et que ceux-là ignoraient la francisque.

Les armoiries de France ont été fixées au temps de Louis le Jeune, au XIIe siècle. Ce roi, surnommé Florus, aurait fait graver une fleur de lys sur ses médailles. Serait-il le véritable introducteur du lys dans le ciel de la maison de France ? On peut en discuter à l'infini. Il est clair cependant que, pendant toutes les batailles de la guerre de Cent Ans, les chevaliers sont morts sous le lys, contre le léopard d'Angleterre, le lion des Flandres ou l'aigle noir de l'empereur allemand. Le lys a quelques titres pour figurer dans l'imaginaire français, même si Clovis a jadis cueilli un bouquet d'iris jaunes dans un marécage. Le lys est d'or sur la bannière de saint Denis, il est d'or sur les drapeaux blancs d'Henri IV. Il est, par excellence, la fleur glorieuse des Capétiens, des Valois, des Bourbons, des dynasties de France. Il figure à bon droit sur la boutonnière de nos modernes royalistes.

Le lys de Charles Quint

Qu'on se rassure : Charles Quint, le redoutable roi d'Espagne et empereur du Saint Empire romain germanique, n'a pas voulu dérober le lys aux rois de France, ses ennemis de toujours. Il n'en avait nul besoin, régnant sur un empire, de l'Amérique au Danube, où le soleil ne se couchait jamais. Il tenait la France pour une enclave importune dans l'Europe qu'il dominait et souhaitait seulement la réduire. Il n'avait que faire de ses lys.

Ce puissant souverain régnait pourtant par l'or et les piques, éléments fondamentaux du lys de France. L'or venait du Pérou, aux mains des *conquistadores* espagnols. Il franchissait l'Atlantique sur de lourds galions que guettaient les corsaires anglais. Il venait aussi des mines de Bohême et des coffres du grand banquier Fugger qui n'avait rien à refuser à l'Empereur.

Quant aux piques, elles lui permettaient de gagner les batailles : elles armaient le bout des lances immenses des *tercios*, ces régiments d'infanterie qui constituaient, contre la chevalerie française, des hérissons infranchissables. Avec les piques de ses soldats et l'or des maravédis qu'il dépensait à foison, Charles Quint pouvait espérer l'emporter et laissait peu d'espoir aux rois de la dynastie des Valois. N'avait-il pas fait le roi de France François Ier prisonnier à Pavie ?

Il était roi de Castille, d'Aragon, de Naples, de Sicile, gouverneur des Pays-Bas, maître des territoires allemands et des colonies espagnoles. Pourtant il ne put vaincre Henri II, le successeur de François Ier, et il dut reculer devant la vague de protestantisme qui déferlait en Allemagne. Il choisit d'abdiquer en 1556 et de se retirer au couvent de Yuste pour se préparer à la mort.

En août 1558, il se sentait vieux, malade, las de la vie. Constamment en prière, il semblait avoir oublié le monde, et renoncé à toute ambition. Il avait planté un lys dans sa retraite de l'Estrémadure, où le soleil était violent en été. Il était douteux que la fleur apparût jamais sur sa tige, à une période aussi tardive de l'année. Mais le roi n'avait guère d'illusions. Il savait qu'il mourrait bientôt. De fait, il ne devait pas survivre longtemps. Le 21 septembre 1558, le plus grand souverain d'Europe mourut seul très chrétiennement dans un couvent.

On avait oublié le lys : en quelques jours pourtant, l'oignon lança une tige de deux coudées, d'où sortit une fleur merveilleuse, en plein automne. Cette floraison fut considérée comme un miracle *post mortem* accompli par le grand roi. Elle n'eut aucune conséquence sur les armoiries du royaume d'Espagne. Les religieux coupèrent seulement la fleur, pour la placer sur le grand autel de l'église : ainsi chacun pouvait-il prier pour l'âme de l'empereur-roi qui avait fait trembler l'Europe et porté à Soliman le Magnifique, grand sultan de Constantinople, les coups les plus durs.

Un an plus tard, le roi Valois aux lys dorés, Henri II, mourait à Paris dans un tournoi. Il était venu à bout, en imposant la paix du Cateau-Cambrésis, de l'orgueilleuse maison d'Espagne. Le roi-chevalier, avant de mourir, avait fait triompher sur les champs de bataille des guerres d'Italie les lys de France.

Notre-Dame du Lys

C'est une abbaye fondée par Blanche de Castille à proximité de Melun, dans la grande forêt gauloise qui domine le cours de la Seine, et dont les chênes étaient centenaires.

Blanche était l'épouse d'un très grand roi, Louis VIII, qui avait illustré les lys de la bannière de saint Denis : on l'appelait Louis le Lion en raison de son ardeur au combat. Fils et successeur de Philippe Auguste, le vainqueur de Bouvines, il avait toute sa vie guerroyé en bon Capétien féodal pour agrandir son domaine et le royaume de France.

Il avait triomphé de Jean sans Terre et l'avait poursuivi jusqu'en Angleterre, enlevé aux Anglais le Poitou, la Saintonge, le Périgord, l'Angoumois, il les avait chassés des vignobles du Bordelais. Les rois d'Angleterre étaient alors aussi chrétiens et catholiques que le roi de France. Celui-ci se conduisait en seigneur féodal, chef de l'ost de ses vassaux, et la guerre qu'il menait sans trêve n'avait pas d'autre objectif que d'accroître sa puissance terrestre. Les lys de France étaient, sur son étendard, des pointes de lance dorées.

Pourtant il avait participé à une pieuse expédition bénie par le légat du pape, la croisade des Albigeois. Il n'avait pas hésité à lever l'ost des barons du Nord pour mettre en proie les terres des chevaliers du Sud, ceux qui suivaient les comtes de Toulouse. Il n'avait pas pu prendre la ville, mais il avait soumis le Languedoc, où les évêques apostoliques et romains faisaient de nouveau la loi.

Son épouse Blanche de Castille devait poursuivre, après sa mort, cette œuvre pie. Elle termina la guerre contre les Albigeois en 1229 et persuada son fils d'épouser une princesse du Sud, Marguerite de Provence, pour tenter de réconcilier les deux France et engager ses chevaliers à prendre la croix pour libérer la Palestine du sultan d'Égypte. Elle exerça la régence, quand le roi s'embarqua pour Damiette. Il y fut fait prisonnier peu après. La reine paya sa rançon.

La reine mère était espagnole. Est-ce un hasard si le roi son fils a marqué sa préférence pour le lys blanc de la prière, celui que Blanche aimait, et non le lys doré de la bannière de saint Denis ? Le nom de la fleur figurait dans celui de l'abbaye de Dammarie, que la reine avait fait construire de ses écus, pour y affirmer une foi nouvelle, orientée sur la dévotion mariale, et sur le culte des saints.

L'ordre de Notre-Dame du Lys avait été fondé à la suite d'un événement qui avait fait grand bruit en Espagne. Le roi Garcia IV, roi de Navarre, était atteint d'une maladie grave. Son entourage se désespérait. Il avait fait venir les médecins les plus savants, ceux qui avaient hérité du savoir des anciens. Rien ne pouvait améliorer son état. Il s'apprêtait à mourir, et préparait son âme dans le calme de sa retraite.

Un religieux avait alors coupé des lys, pour que leur parfum fût agréable au Seigneur dans l'église où le roi serait enterré. Il s'était aperçu qu'une image miraculeuse apparaissait dans le calice de la fleur. On avait porté le roi malade sur l'autel, on lui avait fait découvrir la fleur miraculeuse. Il avait vu à son tour l'image sainte et avait été aussitôt guéri. Ce miracle du lys a-t-il inspiré la pieuse Blanche ? L'ordre fondé en Espagne eut, par ses soins, son équivalent en France. Le lys blanc de la reine mère n'avait plus rien à voir avec le lys guerrier de Clovis.

Les lys de Jeanne

Les lys de Jeanne d'Arc sont d'une autre sorte que ceux de Saint Louis : d'or sur fond blanc, et non sur fond bleu de France. Ils sont encore guerriers, mais la signification du combat a changé. Il n'est plus seulement celui du roi de France. Il est, clairement, celui de Dieu : sur le fond blanc de son oriflamme, Jeanne a fait inscrire le nom de Jésus et celui de la Vierge : *Jesus, Maria.*

Non sans difficulté : l'envoyée de Dieu a dû franchir un parcours plein d'embûches avant de pouvoir commander l'armée de secours qui doit délivrer Orléans. Il n'est pas facile de mêler la voix de Dieu au discours des hommes. Elle a reçu une escorte du sire de Baudricourt, parce qu'il n'est pas très sûr qu'elle n'ait pas entendu la parole de Dieu et qu'il ne veut pas prendre de risque. À Chinon, elle a dû convaincre le roi et sa cour. Il n'était pas évident qu'elle fût l'envoyée de Dieu. Elle devait faire la preuve de ses capacités miraculeuses, étant constamment soupçonnée de sorcellerie.

Il était encore moins évident qu'on lui confie l'armée du roi, l'armée de la dernière chance. Comment, sans le secours affiché de Dieu, aurait-elle pu commander à des Xaintrailles ou des Dunois, vieux routiers de la guerre de Cent Ans ?

Qu'ils l'aient suivie indique assez bien qu'ils ont reconnu en elle la voix de Dieu.

Quand Charles VII s'est enfin résolu à utiliser Jeanne à la tête de l'armée, il a donné des ordres pour qu'il lui soit confectionné, pour cent livres tournois, un « harnais tout propre pour son corps », c'est-à-dire une armure de plates, exactement identique à celle de Dunois.

Elle a veillé elle-même à ce que les artisans de Blois lui confectionnent un étendard et un pennon pour la bataille. Hauves Poulnoir, un peintre habile, s'est chargé de l'exécution. Jeanne attache une grande importance à l'étendard, elle compte le tenir en main pendant l'assaut, pour être bien sûre de ne pouvoir tuer personne. Mais il doit surtout servir de ralliement à une armée qui part au combat derrière les prêtres chantant des antiennes et des hymnes à Marie.

Cet étendard est religieux. Avant de le faire exécuter, Jeanne a « demandé (des instructions) aux messagers de son Seigneur », c'est-à-dire à Dieu lui-même. Les voix ont répondu qu'elle devait prendre l'étendard de son Seigneur.

Elle a donc fait peindre sur la blanche étoffe l'image du Sauveur, assis au jugement dernier, ainsi qu'il est représenté au fronton des cathédrales. Derrière lui, les nuées du ciel. Un ange peint tient en main une fleur. C'est le lys de France.

Selon Dunois, qui a traversé la Loire en compagnie de Jeanne pour entrer dans Orléans, « son étendard était blanc, sur lequel l'image de Notre-Seigneur portant une fleur de lys dans la main ».

Le symbole est clair : sur un fond blanc, signe de pureté, un seul lys, dans la main du Seigneur. Il protège le roi de France qui ne peut rien sans lui, et le pays de France qu'il aime. Jeanne en avertit les Anglais : « Le secours du roi des Cieux... ne vient pas par amour pour moi, mais de Dieu lui-même, qui, à la requête de saint Louis et de saint Charlemagne, a eu pitié de la ville d'Orléans. »

Le lys n'est plus au roi, il est offert par le roi à Dieu, qui a charge de le défendre.

Ce détournement de signification est apparent pour les lys, il ne l'est pas moins pour les roses. La fleur favorite des rois francs, on pourrait dire la fleur fétiche, n'était ni blanche, ni liliale : fleur de fer, forgée par le forgeron pour le combat, fleur de commandement qui conduit les hommes à l'assaut. Clovis lui-même étant converti, la fleur perd sa signification d'origine : si elle n'était qu'un humble iris jaune, elle devient lys doré, parce que le lys est plus noble que l'humble iris, fleur de marécage, fleur de rencontre.

On oublie la couleur pour ne plus retenir que le doré. Le lys est comme une étoile sur le firmament de l'étendard bleu de saint Denis : il montre la bonne direction, celle de la victoire éclatante sur l'ennemi païen ou schismatique.

Car Clovis est chrétien et les Mérovingiens ne cessent de l'être. Leurs successeurs capétiens ne manquent pas de retenir le symbole lilial, qui devient lys blanc, sans conteste, pendant le règne des grands Capétiens, de Philippe Auguste à Philippe IV le Bel. Pour Saint Louis, le lys possède un caractère commun avec la marguerite : il est d'une blancheur éclatante, comme les pierres des cathédrales qui sortent de terre à cette époque. Le lys de Blanche de Castille perd donc sa connotation tribale et métallurgique pour s'affiner, se décanter, devenir pure fleur d'autel, pur objet de culte, au même titre que la rose, qui subit la même évolution : des roses à chiens que l'on ne cueille pas sur les chemins, on passe aux roses mystérieuses d'Orient dont la réputation grandit avec la rose de Provins, pur produit d'importation des croisades.

La rose de Provins

Un chevalier entre dans Provins, une des capitales de la Champagne, la ville des plus célèbres foires du Moyen Âge, une rose pourpre à la main. Il s'appelle Thibaud, dit « le Chansonnier », et il est comte de Champagne. Il rapporte cette rose du lointain Orient, où il vient de conduire la croisade.

Est-ce la fameuse rose de Milet, célébrée pour son éclat par les Grecs et les Romains, celle dont Pline a vanté le parfum ? Celle qui fleurit dans les vers d'Homère ? Le Chansonnier a été séduit. Il a décidé de la rapporter chez lui. On lui a dit qu'elle venait de Damas, et qu'elle était signalée pour sa beauté dans la Bible. Il a pour cette fleur les plus grands égards. Il veut qu'elle pousse à Provins.

Il tend la rose à sa deuxième épouse, Agnès de Beaujeu, cousine germaine du roi Louis VIII, qui a été son ami d'enfance. Pour l'épouser, il a obtenu l'annulation de son premier mariage avec la stérile Gertrude, comtesse de Metz et de Dabo, veuve sans enfant du duc de Lorraine, que sa mère lui avait fait marier. Châtelaine de Nancy et de Gondreville, elle lui avait apporté une dot lorraine substantielle. Mais Thibaud a choisi l'amour : Agnès de Beaujeu, sa deuxième épouse, reçoit de ses mains la première rose rouge de Provins.

Le Chansonnier, qui attire à sa cour tous les troubadours du royaume, est lui-même poète et raffole des fleurs. Sa mère, Blanche de Navarre, cousine de Blanche de Castille, aime, malgré son prénom, le rouge de la passion. Les roses étaient nombreuses alors dans le royaume, aucune n'exprimait avec l'intensité de la rose de Damas la violence de l'engagement amoureux.

Mais aussi la passion mystique des chevaliers du Christ. Thibaud, fidèle à la vocation de ses ancêtres qui, depuis quatre générations, se croisaient pour la guerre sainte, a embarqué à Marseille, en août 1239, à la tête d'une flotte de cent cinquante navires. Il a cueilli l'échalote, une herbe aromatique, sous les murailles ruinées d'Ascalon, avant de s'avancer avec ses chevaliers vers Jaffa. Ceux-ci, victimes de leur imprudence, sont tombés dans une embuscade des musulmans. La croisade s'annonçait mal.

Thibaud a été assez heureux pour profiter de la rivalité des Syriens et des Égyptiens, et pour conclure avec le sultan du Caire un accord qui donne aux chrétiens Jérusalem et la Galilée, ainsi qu'Ascalon. Il a pu accomplir le pèlerinage en Ville sainte, et rapporter du Saint Sépulcre un morceau de la vraie Croix, dont il a fait hommage à l'église Saint-Laurent-des-Ponts, de Provins.

Ses gens déchargent déjà les rosiers dont ils ont constamment pris soin pour les planter dans les jardins du palais. La comtesse Agnès n'a d'yeux que pour les beaux pétales pourpres, gage de l'amour courtois de Thibaud. Ne lui a-t-il pas écrit, dans les sables autour d'Ascalon :

Dame, vers qui vont mes désirs,
Je vous envoie mon salut depuis cette mer lointaine
Je n'ai d'autres pensées qui me causent plaisir,
Que celles qui, chaque jour, me rapprochent de vous.

La rose rouge de Lancastre

Le comte de Lancastre avait épousé Jeanne, la fille de Thibaud le Chansonnier, comte de Champagne, celui qui avait rapporté de la croisade la rose rouge de Damas et l'avait acclimatée dans son jardin de Provins. L'Anglais l'avait trouvée si admirable qu'il l'avait fait dessiner, pour qu'elle figure dans ses armoiries.

Son descendant, Jean de Gand, duc de Lancastre, était le quatrième fils du roi d'Angleterre Édouard III. Le cinquième était le duc d'York qui, lui, choisit une rose blanche comme symbole de ralliement. La guerre des Deux-Roses se préparait.

Les deux familles ne tardèrent pas en effet à rivaliser pour le pouvoir. Le fils de Jean de Gand, Henri IV de Lancastre, s'empara de la couronne en 1399 et fit périr son neveu, le roi Richard II. Un demi-siècle plus tard, les York revendiquèrent le trône à leur tour. Richard, le troisième duc d'York, donna en 1453 le signal de la révolte contre le Lancastre Henri VI.

La rose blanche l'emporta d'abord sur les champs de

bataille, et Henri VI fut jeté en prison dans la tour de Londres. Richard d'York, nommé « protecteur » de l'État, était alors tout-puissant. Il se fit désigner comme héritier.

Las ! Le roi avait une épouse de choc : l'ardente Marguerite d'Anjou engagea sous la bannière de la rose rouge les barons du Nord : York fut battu, bientôt assassiné, son fils égorgé. La rose blanche était-elle définitivement décapitée ?

Un autre York, Édouard, reprit le combat, enferma de nouveau Henri VI dans la tour de Londres et s'empara du trône. Il devait ses succès à son chef de guerre Warwick, dont l'appétit était immense. Or les deux hommes se brouillèrent. Warwick trouva des subsides en France pour lever une armée et infligea à Édouard une sanglante défaite. Henri VI fut sorti de prison et rétabli sur le trône. Édouard dut demander refuge à son beau-frère Charles le Téméraire, duc de Bourgogne, un homme qui n'aimait pas les roses.

Il trouva à son tour les moyens de poursuivre la guerre, battit Warwick avec l'appui des barons du Sud. La rose blanche semblait cette fois l'avoir emporté définitivement : Warwick avait été tué à la bataille ; Henri VI, son épouse et ses partisans avaient retrouvé les cachots de la tour de Londres, où bientôt le roi fut assassiné ; son fils Édouard de Lancastre fut égorgé par les frères du vainqueur.

Édouard d'York mourut en effet sur le trône en 1483. Mais ses deux fils furent assassinés par leur tuteur et oncle, Gloucester, qui se fit proclamer roi. Henri Tudor, comte de Richmond, descendant par les femmes des Lancastre, débarqua alors en Angleterre et battit l'usurpateur qui mourut à la bataille. Henri Tudor monta sur le trône sous le nom d'Henri VII et épousa une princesse d'York. La guerre des Deux-Roses était finie.

Certes le Tudor, créateur de dynastie, n'avait nulle envie de paraître à la cérémonie du couronnement une rose à la main. Il garda pourtant dans ses armes la rose rouge de Provins.

Marguerite est une rose

Guillaume de Lorris est troubadour, poète de cour, et follement amoureux d'une jeune fille de treize ans qui porte un nom de fleur, Marguerite. Il se trouve qu'elle est l'héritière de Provence et promise au roi de France Louis IX. Le poète est-il découragé pour autant ?

Il écrit quatre mille vers pour se consoler, de 1230 à 1235, sous le règne de Saint Louis qui ne plaisante pas avec les sentiments amoureux et entend réserver les fleurs au culte marial ou divin.

Mais Guillaume de Lorris aime les roses, surtout les roses rouges de Provins, qui expriment sa passion ardente. Le cadre de cet amour est un jardin merveilleux, mythique, qu'il voit en songe au mois de mai. Il est entouré d'un mur élevé et contient les plus douces fleurs. La plus belle est une jeune fille, qu'il nomme Oiseuse.

« Et sachez que je croyais être, écrit-il, au vrai en paradis terrestre tant était le lieu délectable. »

Les rossignols chantent le matin, avec tous les oiseaux de la création. Les fleurs sont innombrables, les violettes, les pervenches, mais surtout les roses. Le poète s'y promène en compagnie d'Oiseuse, pour laquelle il nourrit les plus tendres sentiments. Il y découvre « un rosier chargé de roses ». Le dieu Amour l'accompagne, assure-t-il. Mais il voit aussi auprès de lui, tapis dans l'ombre des arbres, des personnages terrifiants, Jalousie, Honte, Danger. Que cette promenade devient périlleuse !

Il poursuit néanmoins, guidé par une figure allégorique qu'il nomme « Bon-accueil ». Comment résisterait-il à sa passion ? Il n'a qu'un désir : trouver la rose miraculeuse qui lui permettra de conquérir le cœur de la belle.

Le poème s'appelle le *Roman de la Rose*. C'est l'histoire d'un amour impossible, d'un amour déçu. La blanche marguerite est malheureusement promise au lys de France. Elle ne peut détourner son regard vers le jeune Guillaume, qui soupire à ses côtés. En 1234, elle épouse Louis IX. C'est la fin d'un rêve.

Il reste que la rose n'a plus pour objet unique de célébrer le principe monarchique ou la pureté des sentiments religieux. Quand elle est rouge, et non plus rose ou blanche, elle peut aussi exprimer le sentiment amoureux, au risque de contrarier le prince.

La jeune Provençale a-t-elle jamais su qu'un troubadour se consumait d'amour pour elle ? A-t-il osé lui dévoiler sa passion ? Il aurait, à coup sûr, risqué sa tête. Être amoureux d'une reine ne se tolère que dans les chansons : une promenade mythique dans le jardin secret du poète ne peut relever de la justice du roi.

Le *Roman de la Rose* fut fort bien reçu, et mieux encore par la postérité. Guillaume de Lorris a dû sa gloire à cette rose inaccessible du jardin de l'amour. Une rose pourpre.

Le lys et la rose sont des fleurs nobles, presque souveraines. On remarque qu'elles ont été l'une et l'autre en fait anoblies : elles ont montré leur aptitude à fleurir dans les serres chaudes du pouvoir, ou dans l'encens des cathédrales, exprimant jusqu'à la volonté de Dieu, avec Jeanne d'Arc.

Mais il est d'autres humbles fleurs que n'ont pas dédaignées les pouvoirs : fleurs des champs, des rocailles et des remparts, fleurs de sorcières destinées à soigner le mal des pauvres. Elles ont constitué des symboles qui n'étaient certes pas toujours dignes de l'héraldique, mais qui sont entrés dans la légende.

Il est en effet de la nature des pouvoirs de rechercher, par un contact sentimental simple et parlant, la familiarité des foules. Les fleurs des champs peuvent servir à cet usage, et aussi les fleurs des landes et des déserts.

Le genêt d'Anjou

Ce chasseur infatigable était le comte d'Anjou Geoffroy. La chasse était une passion des comtes d'Anjou. Son père Foulque V, qui avait terminé sa vie comme roi de Jérusalem, était mort en 1544 en Terre sainte alors qu'il poursuivait un lièvre. Une chute de cheval... Il avait eu le crâne brisé sur l'arête d'un rocher.

L'Anjou était terre de forêts, de marécages et de landes, terre de chasse, précisément. Surtout au temps des ancêtres de Geoffroy, les rudes seigneurs qui repoussaient les incursions des Normands, pendant le règne de Charles le Chauve. Le fondateur de la dynastie angevine, Ingelger, était « forestier » du roi et organisait pour lui les chasses au loup ou au sanglier. Devenu comte du Gâtinais et sénéchal de Tours, puis vicomte héréditaire d'Anjou, Ingelger était resté d'abord un chasseur.

Parents des Carolingiens, descendants par leurs alliances de Charlemagne, les comtes d'Anjou vivaient à cheval. Foulque III Nerra savait traquer le loup, l'épieu à la main. Ce prodigieux cavalier s'était taillé un fief immense par les armes, aux dépens de ses voisins. Ses descendants chassaient de race. Ils attribuaient par charte aux moines de leurs abbayes des lapins et des peaux de cerfs.

Geoffroy était le petit-fils de Belgrade, une femme d'aventures qui s'était mis en tête d'épouser le roi de France Philippe Ier bien que celui-ci fût déjà marié. Le jeune Geoffroy avait été uni par son père Foulque V à Mathilde, la fille du roi d'Angleterre Henri Beauclerc, cinquième enfant de Guillaume le Conquérant. La promise était de dix ans son aînée : elle avait été mariée en premières noces à l'empereur Henri V d'Allemagne. Son nouveau mariage avec Geoffroy avait été célébré au Mans. Il restait aux illustres époux à reconquérir le duché de Normandie, où les barons s'agitaient fort, et le royaume d'Angleterre, où l'usurpateur Étienne disputait le trône à Mathilde.

Geoffroy allait à la chasse, pour se reposer de la guerre. Grand, blond, les yeux vifs, il s'était fait une réputation de chevalier courageux en terrassant dans un tournoi au Mont-

Saint-Michel un colossal adversaire. Ses compagnons l'auraient suivi en enfer. Ils le surnommaient « Plantagenêt », peut-être parce qu'il portait une fleur de genêt à son chapeau quand il partait pour la chasse. Plus sûrement parce qu'il aimait poursuivre ses proies dans les landes désolées des campagnes mancelles, couvertes de bruyères et de genêts.

Peut-être aussi parce que son cheval favori était un genêt d'Espagne. Les chevaliers aimaient à se donner des surnoms familiers. Un ancêtre de Geoffroy avait été surnommé par le roi de France Grisegonelle parce qu'il était toujours vêtu d'une chemise en tissu grossier, rustique, appelée gonelle. Le genêt devint le surnom du comte Geoffroy. Il le transmit à son fils, qui allait recevoir à Cantorbéry la couronne des rois d'Angleterre.

Le genêt, fleur des landes, n'était certes pas digne de figurer, comme le lys, sur les oriflammes des rois. Il n'importe. Il évoquait la robustesse des campagnes, l'éclat vif de l'or, les éclairs de la chasse à cheval sur les landes immenses. Un Plantagenêt pouvait toujours monter à cheval, chasser les loups et les ennemis. Que demander de plus ? Le genêt fit mieux que de paraître dans un blason : il donna son nom, grâce au sobriquet du comte d'Anjou, à une dynastie de la couronne anglaise. Les fleurs les plus simples, les plus répandues, ont quelquefois les plus hautes destinées.

Le chardon d'Écosse

C'est la fleur la plus rustique, la plus décourageante qui soit, et pourtant d'un bleu-violet très pur, qui se voit de loin dans la lande. Le chardon est un outil roturier, il peigne la laine. Mais il peut devenir emblématique parce qu'il pique, repousse l'ennemi. Et quel pays évoque plus la résistance à l'ennemi que l'Écosse, constamment en guerre contre l'Angleterre ?

Aucune fleur n'est mieux adaptée à son sol, aussi symbolique d'un pays. La couleur tendre évoque les gris des brouillards marins, mais éclate à la moindre éclaircie. Quand le roi Jacques V, dont le père avait trouvé la mort à la bataille de Flodden, chercha un symbole pour rassembler les clans écossais décimés et créer un ordre de chevalerie, il songea immédiatement au chardon.

Il devait mourir à son tour sur le champ de bataille de Solway Moss, où bleuissaient les chardons, accablé par l'armée anglaise d'Henri VIII, en 1542. Il lui avait été impossible de suivre le roi hérétique, excommunié par le pape, qui avait rompu avec Rome, alors qu'il était profondément catholique, comme tous les siens.

L'ordre du Chardon avait été créé deux ans plus tôt, en 1540. Il ne comprenait pas plus de douze chevaliers, les plus méritants, les plus fidèles. Il tenait ses cérémonies à l'église Saint-André d'Édimbourg. Le collier des chevaliers était formé de chardons et de feuilles de rue en or. La rue est une autre plante rustique, qui produit au printemps de petites fleurs jaunes. On appelait aussi l'ordre de Jacques V l'ordre de la Rue.

Après la mort tragique de Marie Stuart, qui sonna le glas des libertés écossaises, l'ordre du Chardon fut dissous. Il ne fut rétabli, en signe d'apaisement, qu'en 1687, par le roi d'Angleterre Jacques II qui prononça la réunion de l'Écosse à la couronne. Les chevaliers pouvaient se réunir dans la chapelle royale du palais de Holyrood, en Écosse. Quand Jacques II, roi catholique, dut chercher refuge en France, les chevaliers le suivirent dans son exil.

De nouveau supprimé, l'ordre écossais fut rétabli en 1703 par la reine Anne, et confirmé par George Ier qui porta à seize le nombre des chevaliers qui devaient accueillir dans leur sein, en signe de bonne amitié, trois Anglais. La médaille qui fut alors tirée portait un chardon en or avec la devise : *Nemo me impune lacesset*, « Personne ne m'attaque impunément » !

Le chardon n'avait pas défendu l'Écosse. Un pays trop pauvre pour résister à la riche et puissante Angleterre ne pouvait survivre et garder ses traditions qu'avec la permission des souverains de Londres. L'ordre du Chardon avait cessé d'exprimer symboliquement la résistance à la domination anglaise de la noblesse d'Écosse. Il continua à rassembler dans leurs souvenirs pieux et nostalgiques les descendants des chefs de clan héroïques qui avaient laissé la vie sur le champ de bataille de Flodden. Les Écossais allaient avoir d'autres occasions de montrer leur héroïsme, sous les plis de l'Union Jack. Ils restèrent fidèles au chardon bleu de leurs montagnes.

L'aristoloche

L'aristoloche fleurit de mai à septembre. Cette herbe des pauvres s'accroche aux sols les plus rocailleux, dans les buissons et jusque dans les rocailles où pousse la vigne, et les vignerons ont beaucoup de mal à la faire disparaître. Ses feuilles sont d'un vert pâle, en forme de cœur. Pourquoi une plante aussi vulgaire, aussi indésirable, figure-t-elle au fronton de l'hôtel magnifique de Jacques Cœur à Bourges – Jacques Cœur, le grand argentier du roi Charles VII ? Comment l'aristoloche est-elle devenue, malgré son humble origine, une fleur de pouvoir ?

Comment Jacques Cœur lui-même était-il devenu si puissant que les plus puissants juraient sa perte ? Ce fils d'un pelletier de Bourges, ce gendre d'un boucher avait fait fortune sur mer, en lançant, à partir de Montpellier, ses galées vers les échelles du Levant. Il était devenu « argentier du roi », exploitait pour lui des mines d'or, de plomb argentifère, finançait la reconstruction du royaume après avoir financé la guerre en offrant un crédit qui semblait inépuisable.

Comment n'aurait-il pas fait fortune lui-même, en assurant la plus grande partie du trafic du sel, les relations avec l'Orient, la vente des bijoux et des étoffes précieuses, des épices et des armes ? Comment n'aurait-il pas été anobli, doté de terres et de fiefs ? Sa devise portait en lettres d'or : « À vaillant cœur, rien d'impossible », ce cœur que figurait la feuille de l'aristoloche.

Sa fortune émut les rivaux, indigna les courtisans, inquiéta le roi lui-même. Il fut arrêté, ses biens confisqués en 1451 et 1453. Il dut chercher refuge sur les terres du pape, devenant amiral de ses galères. Il mourut en Orient, sans jamais revoir le petit royaume de Bourges.

L'aristoloche, au fronton de son palais, exprimait sa prudence et l'excès de sa modestie. Prévoyant le pire, alors même qu'il était au sommet de la puissance, il tenait à figurer dans l'appareil le plus modeste, représenté symboliquement par la plus humble fleur. Propriétaire des plus nobles châteaux, celui de Saint-Fargeau, ou celui d'Ainay-le-Vieil, il s'habillait en bourgeois, robe courte de couleur violette, toque noire. Il interdisait à sa femme la moindre dépense somptuaire et veillait lui-même au grain enfoui dans ses coffres munis de serrures à l'italienne.

Son blason était de la plus extrême humilité : il se juxtaposait à l'écu de France, pâlissait sous sa gloire. Il portait certes le lys et l'iris, les fleurs royales, et le rosier des prêtres. Il y ajoutait la coquille et le cœur, symboles transparents du prénom – Jacques – et du nom de l'argentier. Ce blason était un hommage à la monarchie : son possesseur s'inclinait devant le pouvoir. Comment n'aurait-il pas choisi l'aristoloche pour fleur symbolique ?

Elle exprimait l'humilité, mais aussi la fidélité, la résistance aux épreuves, la volonté de tenir jusqu'au bout, quoi qu'il en coûte : des vertus qui étaient celles de la monarchie en exil à Bourges, aux prises avec un dur conflit qui frappait la France entière. Jacques Cœur avait tenu à ce que les qualités nécessaires à la résistance du royaume fussent exprimées par une humble fleur, qui avait en outre la vertu de le protéger contre les envieux et les jalousies, et aussi contre le mauvais sort, que redoutent les marins. Las ! L'aristoloche de Bourges n'a pas su protéger son maître : il est mort en Orient, abandonné de tous.

Les fleurs éclairent les arbres des vergers au printemps et leur donnent un caractère éblouissant qui peut devenir symbolique : ainsi le cerisier blanc de l'empereur du Japon. Elles expriment alors beaucoup plus : elles peuvent engager tout un peuple dans la voie du renouveau, le souverain en tête. Il n'est que le premier d'une foule de croyants qui remercient le seigneur de leur donner la grâce de vivre.

De la sorte les fleurs de verger sont le symbole des bons princes, de ceux qui recherchent, pour leur peuple, la prospérité et la joie renaissante, et lui garantissent le bonheur.

Les fleurs de mirabelliers

Le prunier sauvage a ses fleurs, le mirabellier du roi René a les siennes : elles ne sont pas comparables. Celles blanches des mirabelliers de Lorraine, qui donnent des fruits d'or, entourent les villages de Meuse et de Moselle, chaque printemps, d'un nuage céleste.

Le bienfaiteur de la Lorraine est René, duc d'Anjou et de

Bar, comte de Provence, roi de Sicile, époux de la duchesse de Lorraine Isabelle, contemporain de Jeanne d'Arc et de Charles VII. Un bienfaiteur inespéré : il n'a pas donné à la province de Jeanne d'Arc des mines d'or ou d'argent, mais la richesse impérissable, indestructible parce que toujours renaissante de l'arbre aux mirabelles.

Les fruits sont d'une beauté admirable : le mot mirabelle le dit. Les fleurs qui leur donnent naissance sont les plus aériennes qui soient. René les avait remarquées en Sicile, où elles avaient été introduites depuis très longtemps, semées par le vent d'Orient.

Il planta des mirabelliers venus d'Orient à Aix, dans les jardins du palais où il résidait, de 1447 à 1449. Il avait fait restaurer à son goût italien l'antique bâtisse, ajouter vergers et parcs, installer une gigantesque volière pour les oiseaux qu'il aimait peindre, car le roi s'essayait à la fois à la peinture et à la poésie, et rêvait d'être un mécène, à l'exemple des princes et riches marchands italiens. Esprit moderne, tourné vers le bien-vivre, il incarnait déjà en France l'esprit de la Renaissance.

La mirabelle était le symbole de la richesse de la nature, fournie gratuitement, à satiété, chaque printemps. Les fleurs annonçaient cette richesse. Pourquoi ne pas profiter du progrès de la navigation, cher à Jacques Cœur, pour importer dans l'Occident barbare de la guerre de Cent Ans les mœurs d'Italie et celles de l'Orient lointain, les palais de Damas, de Palerme et de Florence ?

René cultivait dans son jardin d'Aix les œillets magiques aux couleurs multiples, fleur alors inconnue dans le royaume de France. Il payait cher son jardinier pour qu'il obtînt des croisements mirifiques de roses. Rien n'était trop beau pour parer le décor de la vie, pour égayer de couleurs les lourdes maçonneries des châteaux militaires. Celui de Tarascon, flanqué d'énormes tours rondes, devait être humanisé par les peintures intérieures et les jardinets plantés de roses. René était l'ancêtre des Valois du Val de Loire, des constructeurs de Chambord et de Chenonceaux.

Mais il était aussi convaincu que le progrès pouvait changer la condition de vie de ses gens. Épris d'agriculture savante et d'élevage, constructeur de canaux, de routes et de ponts, il consacrait tous ses moyens financiers, quand il ne devait pas faire face aux charges de la guerre, à l'enrichissement de ses sujets. Il savait qu'un bon prince n'est jamais si riche que quand son royaume regorge de richesses.

Faute de pouvoir découvrir en Provence des mines d'or, ou d'importer l'or du Bambouk, il avait acheté des mirabelliers. D'Aix, l'arbre miraculeux était monté vers le nord, dans ce duché de Lorraine où le soleil illuminait les coteaux de Moselle. Il y prit racine avec un tel bonheur qu'il est devenu symbolique d'une province entière. Si les princes se servent des fleurs pour symboliser leur gloire, il arrive aussi qu'ils répandent le bonheur en faisant fleurir tous les villages : ainsi René en Lorraine.

Les pruniers sauvages de Chine

La fleur de prunier est pour les Chinois anciens un symbole d'obstination, de persévérance et de fidélité, surtout si le prunier est sauvage et qu'on ne compte plus ses années. On sait seulement qu'il refleurit toujours au printemps.

Les bosquets de pruniers sont adroitement disposés dans les décors des jardins impériaux, conçus pour rendre hommage à la nature, ainsi qu'aux dieux et aux esprits qui protègent l'Empereur. Les parcs des temples et des palais ont des parcours soigneusement étudiés, qui permettent la méditation, au cours d'une sorte de promenade rituelle étalée sur les heures de la journée : des lieux où s'affirme la nature transcendante du pouvoir.

L'Empereur doit fidélité et soumission au ciel, dont il est issu, où il retournera, et peut exiger de ses sujets des vertus du même ordre, à son profit. Ainsi le veut en Chine la tradition du pouvoir, dont la fleur du prunier est le symbole. Pendant la période Zhi Zheng de la dynastie Yuan (vers 1342 de l'ère chrétienne), les architectes construisirent pour l'Empereur le bosquet du Lion et son jardin secret, qui exprimait bien la nature du pouvoir impérial, et ses rapports avec la création.

Le jardin était jonché de rochers, qui figuraient des montagnes, de cours d'eau miniaturisés, de lacs, d'un vaste plan d'eau qui s'étendait vers le coucher du soleil, selon une tradition très ancienne. Les portes d'accès aux salles de méditation étaient construites et éclairées par des fenêtres en forme de fleurs de prunier quadrilobées, en signe de fidélité profonde à l'Empereur et à Dieu. Des forêts de cyprès se dressaient vers le ciel. Une salle des lotus, face au grand lac, permettait d'admirer ces fleurs mystiques. On passait de la « demeure du Parfum léger » au « pavillon de l'Amusement sincère », avant de grimper vers le « pavillon de la Source volante ».

Au détour du sentier étaient plantés les pruniers, dans la « salle de la Double Senteur des Immortels », un point magique du jardin sacré. Avec le pin et le bambou, le prunier était un des « trois amis de l'hiver », celui dont on attendait qu'il survive pour renaître au printemps, égayé par ses innombrables fleurs blanches qu'il sèmerait au vent avec prodigalité, sous les yeux éblouis de l'Empereur et de ses hauts serviteurs.

Fleur de pouvoir, s'il en est. Dans les cérémonies officielles, les fleurs de prunier faisaient partie de la décoration des lieux. On les disait susceptibles d'inspirer au peuple la vénération de l'Empereur, qui incarnait la succession des temps et le retour des belles saisons, étant l'envoyé de Dieu sur terre. Dans la suite des dynasties si variées qui se sont succédé en Chine, la fleur de prunier a toujours été à l'honneur.

Plus que celles d'Occident, les civilisations de l'Extrême-Asie associaient à la nature le pouvoir politique, qui tirait, comme un arbre, ses racines en profondeur de la terre chinoise. Rendre hommage aux fleurs de printemps, c'était célébrer, d'une certaine manière, le culte impérial. On comprend que les architectes des jardins princiers aient fait au prunier sa place. Cet arbre magique avait le don d'unir dans un mouvement commun de foi les Chinois de toutes conditions autour du céleste Empereur, sur qui le temps n'avait pas de prise.

Le cerisier de l'empereur du Japon

Tous les ans, au printemps, une masse de Japonais fidèles se rassemble, au cours d'une fête appelée l'*hanani*, sur les pentes du mont Yoshino, au sud de l'ancienne capitale des empereurs, Kyōto. Un cerisier vénérable, planté là, dit-on, par un moine des temps anciens sur l'île mythique de Honshu, au milieu d'un lac, serait le premier des arbres sacrés du Japon.

Des empereurs, il en existe, assure-t-on avec une stupéfiante précision, depuis le 11 février 660 avant notre ère. Ils se sont succédé ensuite régulièrement, sans rupture, de père en fils quand ils le pouvaient, dans la fidélité populaire. Et chaque année, ils allaient adorer les fleurs du cerisier blanc du mont Yoshino.

Le premier empereur s'appelait Jimmu, on disait de lui qu'il était *Heika Tenno* : ce qui veut dire Fils du Ciel, exactement comme l'empereur de Chine, dont les Japonais ont sans doute imité les institutions et assimilé les principes religieux du pouvoir.

Le cerisier blanc va-t-il survivre à l'ouverture du pays aux Occidentaux, à partir du début de l'ère Meiji, en 1867 ? Que deviendra le pèlerinage du mont Yoshino, quand l'empereur Mutsu Hito aura décidé de construire des cuirassés et des aciéries imitant l'Occident impie ?

Il exhorte ses sujets à pratiquer avec plus d'ardeur la religion, à l'épurer, à concentrer leurs efforts sur la recherche de la vertu, à se détacher du bouddhisme résigné des Chinois pour pratiquer le culte *shinto*, exigeant et viril. Pas question de renoncer aux traditions capables de servir le culte impérial. On fête dans les écoles le *Kigensetsu*, la commémoration de la montée sur le trône du légendaire Jimmu.

Désormais personne ne peut lever les yeux sur l'Empereur. Quand il passe dans les rues de sa capitale, des ordres sont donnés pour qu'on ferme les volets des fenêtres. Nul ne doit l'apercevoir d'en haut. Il ne peut être vu que d'en bas, dans une attitude de soumission.

Il est le seul à monter un cheval blanc, de la couleur des pétales des fleurs de cerisier. Les écoliers travaillent pour lui, les soldats meurent pour lui. Il a donné au pays le *Hino Maru*, la bannière éclatante du soleil qui fait fleurir les cerisiers blancs.

Naturellement le culte du mont Yoshino est maintenu et la foule s'y presse en gros bataillons. On peut croire que la cérémonie est commandée d'en haut, par les responsables du cabinet impérial. C'est l'occasion que recherche le souverain d'associer le peuple au respect, à la vénération de l'Empereur. N'est-il pas associé par Dieu à la création continue du monde ? Ne fait-il pas lever le soleil ?

Les temps ont changé au Japon, depuis 1945 : il y subsiste un empereur en complet-veston, qui respecte la Constitution imposée au pays par le général MacArthur. Ses sujets mâchent du chewing-gum et boivent du Coca-Cola. Mais ils se rendent plus nombreux encore, sans ordres, sans consignes d'aucune sorte, accompagnés par les opérateurs de la télévision, au printemps, sur les pentes du mont Yoshino comme si le maintien des traditions et des croyances anciennes était pour le Japon surindustrialisé, devenu l'un des trois grands du monde, une promesse d'éternité ; les fleurs blanches du cerisier sacré qui tombent en étoiles dans la touffeur des premières nuits chaudes sont pour les Japonais une pluie de bénédictions. Plus que l'accord intime avec l'Empereur, c'est le lien avec la nature qu'ils recherchent, et qui est la source de tous les pouvoirs.

Les fleurs du pommier normand

Les fleurs du pommier sont maudites, parce que le pommier lui-même est suspect. Au paradis terrestre, Ève n'a-t-elle pas croqué la pomme ? Le fruit n'est-il pas le symbole de l'éternelle damnation ? Les Latins l'appelaient *malum*, comme si une malédiction pesait déjà sur elle. Ils l'ont ensuite baptisée du nom collectif de *pomum*, qui veut dire le fruit. Leur déesse Pomone régnait sur jardins et jardiniers, et pas spécifiquement sur les vergers de pommiers.

Le dieu Lug des Gaulois, le forgeron bénéfique, celui qui a forgé le glaive des grands chefs arvernes, désigna une pomme comme enjeu de la survie pour les trois fils de Tuléran qui avaient tué leur père. Ils devaient attendre que l'arbre fleurisse, que les fruits se forment, cueillir une pomme, la plus belle, pour la rapporter au dieu. La pomme, appelée *aballo*, était donc, pour les Gaulois, liée à un culte de la survie. Dans l'île d'Avallon, dont le nom évoque une pommeraie, la reine de l'Autre Monde entraînait le héros gaulois Bran dans son univers, non sans l'avoir muni au préalable d'une branche de pommier qui était une sorte de passeport pour l'éternité. Ainsi, dans la Bible déjà, une pomme ranimait Salomon, que l'on croyait mort.

Si les Romains se méfiaient de la pomme, c'est qu'elle appartenait au fonds le plus ancien de la mythologie celtique, à une tradition de pouvoir tellurique, qui rattachait les chefs des tribus gauloises aux puissances mystérieuses de la nature d'abord, de l'au-delà ensuite.

Les chrétiens ne l'ont pas davantage admise : le fruit et la fleur sont pour eux les symboles du paganisme. Les pommes étaient, avec les carottes, les choux et les radis, les tout premiers aliments des populations préceltiques, du temps où les Bretons charriaient les dolmens et construisaient des navires à voiles de cuir rouge. Que les fleurs de pommier aient honoré les dieux des païens est probable : elles étaient blanches comme des célestes pensées. On ne les trouve nulle part dans les images du Moyen Âge.

Pourtant le pommier est un arbre nourricier, commun aux peuples de l'Ouest, des deux côtés de la Manche. Sa fleur éclate au printemps, annonçant les temps meilleurs. Elle fleurit en 1066 quand Guillaume le Conquérant rassemble les trois mille barques montées par des Normands, qui lui permettront de faire, quelques semaines plus tard, la conquête de l'Angleterre. Il n'a pas mis de fleur de pommier à la pointe de son heaume : un duc si pieux, constructeur de tant d'églises et abbayes, craignait-il de se damner ? Les pommiers fleurissaient pourtant quand le duc son père avait fait à Falaise la conquête de la gentille Arlette, dont il était issu. Les Normands s'en souvenaient sans doute.

Il avait dans son cœur la petite fleur blanche des vergers de Falaise, quand il mit à genoux l'armée anglaise à la bataille d'Hastings. Car le pouvoir des ducs n'est fait que du courage de ses combattants, qu'ils portent ou non comme insigne la fleur blanche du fruit du péché, celle du pommier de Normandie. Celle qui, au-delà de la Manche, a permis à Newton de découvrir dans son jardin les lois de la gravitation.

Les fleurs d'oranger du grand roi

Louis XIV préférait les femmes aux fleurs, et faisait construire dans Versailles, avant l'arrivée de la Maintenon, des salles de bains en marbre d'Italie où les belles s'ébattaient discrètement. Il ne passait pas pour un amateur d'espèces de tulipes rares et Versailles n'avait pas encore de serres. Pourtant il avait une lubie, la fleur d'oranger, lubie coûteuse entre toutes, mais son financier Colbert n'y pouvait rien. Le roi aimait le parfum de l'oranger et ses fleurs lui rappelaient sans doute ses très proches origines italiennes, puisque sa grand-mère Marie était une Médicis.

Pour plaire au roi, les courtisans n'oubliaient jamais les orangers dans les fêtes qu'ils donnaient à leurs châteaux. Mme de Sévigné découvrit au château de Clagny, où elle était en visite avec plusieurs grands seigneurs, « un bois entier d'orangers dans de grandes caisses dissimulées par des palissades fleuries de tubéreuses, de roses, de jasmins et d'œillets [1] ».

Au mariage de la fille du ministre Louvois, même profusion d'orangers. Le secrétaire d'État à la Guerre a fait bonne mesure : « On avait fait revenir le printemps », écrit la Sévigné. On était au 24 novembre, mais « tout était plein d'orangers fleuris et de fleurs dans des caisses ».

---

1. Voir Christine Velut, *La Rose et l'Orchidée*, Larousse, 1993, p. 96.

Pas encore de serres : on tire l'hiver les lourdes caisses d'orangers pour les abriter dans des orangeraies, qui sont seulement protégées des froidures.

Le roi lui-même était-il présent à la fête donnée à l'occasion du mariage de sa fille naturelle, Mlle de Blois, avec le prince de Conti ? Rien n'avait été ménagé pour lui plaire : en plein mois de janvier, alors qu'il gèle dans la campagne, dix-neuf corbeilles de fleurs sont installées sur la table du festin. On y voit certes des jacinthes et des anémones, mais surtout des fleurs d'oranger.

La table entière est recouverte de gazon quand le prince de Condé reçoit le Dauphin à Chantilly, en août 1688. Les guirlandes de fleurs décorent la table, développant leurs senteurs pour accueillir les invités. Chacun est saisi par la majesté d'un immense vase d'argent qui trône au milieu de la grande table recouverte de satin blanc et de vaisselle d'or : un véritable monument. Il contient un oranger qui regorge de fleurs et de fruits.

La mode était à la mythologie. La tapisserie des Gobelins recherchait des thèmes pour comparer la gloire du grand roi à celle des héros de l'Antiquité. Les orangers rappelaient, à n'en pas douter, les pommes d'or du jardin des Hespérides, qui avaient fait connaître l'éclatant mérite d'Hercule. Leurs fleurs avaient ce parfum d'antiquité héroïque qui chatouillait fort la narine du roi.

Celui-ci voulait être le plus grand en Europe. Il n'avait que faire des tulipes de Hollande ou des roses d'Iran. Il méprisait renoncules et anémones, fleurs de petites gens. Le lilas l'insupportait par son parfum trop fort, et aussi le jasmin. Les senteurs de la fleur d'oranger ne l'indisposaient pas, parce qu'elles étaient le parfum de la gloire.

II.

Fleurs de reines

Louis XIV avait fait dessiner à Versailles de somptueux jardins, qui, comme ceux de l'empereur de Chine, associaient à l'architecture du château les pièces d'eau, les découvertes, les parterres, les statues postées le long des allées, les boqueteaux, les lignes d'arbres. La place des fleurs était limitée à un rôle purement décoratif, comme s'il n'importait pas que le château fût fleuri.

Quant aux fleurs naturelles, si recherchées par les enlumineurs des manuscrits du Moyen Âge ou par les créateurs des tapisseries aux mille fleurs, elles n'étaient guère de mode : le Grand Siècle ne recherchait pas le contact de la nature, comme le siècle de la Renaissance ne s'était intéressé qu'aux fleurs décrites par les Anciens. Le renouveau floral fut lié, au début du XVIIIe siècle, à une mode venue d'Angleterre, qui tenait la nature pour la source de toute beauté, dans son désordre naturel : dans les parcs à l'anglaise, les fleurs se taillaient un empire.

Cette mode correspondait à un engouement pour la science botanique. Guy de La Brosse, le médecin ordinaire du roi Louis XIII, avait attiré l'attention du souverain sur la nouvelle science, qui ne se bornait plus à étudier les vertus médicinales des plantes, comme le médecin Chirac, mais à rechercher leurs structures, leur construction, le fonctionnement de la vie dans les fleurs et les feuilles, l'organisation du vivant. De La Brosse en son temps n'avait guère été entendu, mais les Jussieu, les Buffon eurent plus de chance, au XVIIIe siècle. Ils obtinrent des crédits, organisèrent des foyers de recherche, lancèrent des expéditions herborisantes.

Rousseau, Malesherbes se passionnaient pour les serres du jardin royal. La Pompadour donnait à Louis XV le goût des fleurs et de la botanique. Elle-même créa un jardin dans son château de l'Ermitage. Elle y mêlait sur les parterres les jasmins d'Orient et les myrtes de Grèce, les lauriers-roses d'Italie et les grenadiers d'Espagne, les lilas d'Iran et les rhododendrons de l'Inde. Les explorateurs ouvraient le monde à la science. Ils ne négligeaient pas d'offrir à Versailles les fleurs de leurs découvertes. Louis XV était désormais convaincu qu'il devait hausser son prestige en créant à Trianon une serre de plantes rares, et un jardin botanique qui fût le plus excitant pour les amateurs de toute l'Europe princière.

Ce succès mondain installait de plain-pied les fleurs dans la vie de cour. Les femmes eurent une part immense dans ce processus d'acclimatation. On peut remarquer qu'elles n'avaient pas attendu cette nouvelle ère florale pour exercer le pouvoir : mais les régentes célèbres de France n'avaient attaché leur nom à aucune fleur, ni les Médicis, ni les Anne de Beaujeu, ni les Anne d'Autriche. Elles préféraient les bijoux ou les diamants, comme signes extérieurs de puissance : la dame d'Anet, Diane de Poitiers, était célèbre pour ses joyaux, Anne d'Autriche pour ses ferrets. Le roi offrait des solitaires, des colliers, des étoffes rares, et non des fleurs. La Maintenon avait peu de goût pour le luxe et pas du tout pour l'herborisation. On ne voit pas que la sensuelle Montespan ait mis à la mode une tulipe rare de Hollande, ni une nouvelle rose venue d'Orient.

L'ère des femmes-fleurs commence avec le règne de Louis XV et se poursuit jusqu'au second Empire. Celles qui lancent la mode d'une fleur sont alors des femmes de pouvoir ou d'influence, parées ou non d'un titre officiel. La Pompadour est une favorite. Les autres sont reines, ou impératrices, Marie-Antoinette, Joséphine de Beauharnais, Eugénie de Montijo.

Les fleurs qu'elles lancent dans l'air du temps peuvent être la source d'une industrie de décoration des palais et des maisons bourgeoises, elles inspirent les ébénistes et les graveurs, servent les desseins des botanistes chercheurs ou constituent simplement, comme les violettes impériales, des images caractéristiques qui posent le personnage de la souveraine en l'associant aux vertus de la fleur qu'elle a choisie. De la sorte, la mode des fleurs de cour dépend des têtes couronnées. Elle se dispersera en même temps que la monarchie : il faudra attendre la mort de Mme René Coty pour qu'un horticulteur donne à une rose le nom d'une présidente.

Ces fleurs de pouvoir, nées dans les serres de cour, n'auraient pas fleuri si aisément dans l'imaginaire de la société du temps si elles n'avaient été associées au luxe écrasant des élites sociales. De la sorte, la mode florale devait disparaître pendant la Révolution, qui associait les fleurs rares aux perversions des aristocrates. Les hommes de 1789 oublièrent allégrement les herbiers de Jean-Jacques Rousseau, pour ne célébrer que les couleurs de la cocarde.

Les fleurs de porcelaine de la Pompadour

La Pompadour était beaucoup plus qu'une favorite royale. Elle avait une telle emprise sur ministres et financiers qu'elle pouvait mener à sa guise certains aspects de la politique, particulièrement en matière de beaux-arts, de construction et d'urbanisme. Le roi lui faisait confiance et elle en usait avec bonheur.

La mode florale était de plus en plus déchaînée dans Paris. Non seulement palais, jardins et maisons se couvraient des fleurs les plus exotiques, de capucines du Pérou, de zinnias du Sénégal, de campanules d'Orient rapportées par les explorateurs et les voyageurs, mais les arts d'agrément s'étaient emparés furieusement du thème floral.

La Pompadour avait visité la manufacture de porcelaine créée jadis par les frères Dubois, puis par Orry de Fulvy, qui s'étaient donné pour objectif de concurrencer les produits de Saxe. Un atelier de fabrication s'était installé dans une des tours du château de Vincennes. La Pompadour lui avait rendu visite. Elle avait été surprise par l'habileté des artisans. Ils fabriquaient des fleurs de porcelaine. Celles-ci avaient, à s'y méprendre, les couleurs des vraies fleurs. On ne fabriquait jusque-là que des roses de bronze doré, pour la décoration des meubles et des portes des châteaux. La Pompadour s'enticha des fleurs de Vincennes et assura la fortune des fabricants.

Les dames de la cour se ruinèrent pour acheter des porcelaines. La Gensin, la marquise de Boufflers ne pouvaient s'en passer. D'autres, plus prudentes, restaient sur leurs gardes, attendant que la mode passe.

Elle perdura, parce que la Pompadour y tenait. Elle voulait à tout prix abattre la concurrence des saxes. Elle organisa à Versailles des expositions de fleurs de porcelaine. Elle s'extasia sur leurs couleurs vives, qui ne pouvaient passer. Elle s'acharna à les imposer. Elle avait l'intérêt du royaume à l'esprit, mais aussi le plaisir du roi, qui aimait les fleurs. En août 1749, elle n'acheta pas moins de vingt-quatre corbeilles de fil d'argent et d'or appelé cannetille, garnies de soie où étaient montés avec art des bouquets de fleurs de Vincennes : une véritable floraison, une merveille de quatre-vingt-huit fleurs, toutes différentes.

Le roi dépensa ainsi 800 000 livres pour ces menues dépenses, pour les « fleurs peintes au naturel », comme on dit alors. Dans les mémoires du duc de Richelieu, on peut lire que la Pompadour recevait le roi « dans un appartement au fond duquel se trouvait une serre chaude immense et un parterre de fleurs pendant un hiver rigoureux. Comme les roses fraîches, les œillets, les lys y dominaient, le roi extasié ne pouvait assez admirer la beauté et l'odeur suave de ce parterre. La nature y était jouée : ces vases, ces fleurs, ces roses, ces œillets, ces lys et ces tiges, tout était en porcelaine, et l'odeur suave de ces fleurs divines était l'effet de leurs essences volatilisées par l'art ».

On fit des lustres en porcelaine de Vincennes, garnis de fleurs aux couleurs vives. Ils se vendirent dans tout le royaume, et au-delà des frontières. La Pompadour avait-elle investi pour le seul goût du luxe ? La manufacture de Sèvres lui devait beaucoup. N'était-elle pas la propriété du roi ? On ne savait pas, à Versailles comme à Amsterdam, trafiquer sur les tulipes, mais on vendait assez bien les roses de porcelaine de la marquise de Pompadour.

Le jasmin de Jeanne Bécu

Elle était née Jeanne Bécu et elle adorait le jasmin, fleur un peu vulgaire, disaient les dévots, dont le parfum entêtant avait une senteur diabolique. Un parfum venu d'Orient.

La Pompadour aimait les roses trémières, plus agréables à l'œil qu'à la narine. La Du Barry préférait l'odeur stimulante, engageante du jasmin. Quand il rencontra cette toute jeune femme, à l'automne de 1766, le roi était d'humeur morose. Il ne se consolait pas de la perte de la marquise de Pompadour, si élégante, si fine, si distinguée, et les petites personnes du parc aux cerfs ne suffisaient pas à retenir son attention. On ne sait qui eut l'idée de placer Jeanne Bécu sur son passage. Il remarqua immédiatement ses yeux tendres de biche effarouchée, son teint de lys, ses formes avenantes. Il la mit presque aussitôt dans son lit.

La mâtine, fille naturelle d'un religieux de Picpus, avait été la maîtresse d'un roué, Jean du Barry, dont elle avait pris le nom. Il se prétendait comte et tenait salon chez lui, recevant le marquis de La Tour du Pin et le duc de Richelieu, qui s'intéressaient fort à la galanterie. Le roué avait marié sa maîtresse avec son frère, un obscur capitaine, Gomard de Vaubernier, qui avait consenti à ne pas user de ses droits de mari. Il avait eu le bon goût de permettre à Mlle Bécu de changer officiellement de nom.

Le roi logea la belle à Versailles, dans l'appartement d'un domestique. Sa fortune grandit vite, malgré l'opposition du clan Choiseul, et l'indignation de la famille royale. Elle fut présentée à la Cour et installée comme maîtresse officielle, à la grande satisfaction des pamphlétaires soldés par les parlementaires hostiles au roi, qui répandaient contre elle des écrits et des dessins pornographiques.

Elle n'en avait cure, se souciant seulement de s'installer durablement auprès du roi : elle aménagea à Versailles, dans le grand appartement dont elle était désormais l'occupante en tant que maîtresse royale, un sublime mobilier de style moderne, très floral. Ledoux construisit pour elle à Louveciennes la plus émoustillante des résidences.

Son seul souci était de plaire au roi, envers et contre tout. Elle y réussissait fort bien au point que le clan Choiseul s'impatientait fort de sa faveur persistante. Dînant un soir à Louveciennes, le roi eut la surprise d'y voir une table dressée avec éclat : au centre, une sorte de pavillon de forme arrondie. Autour de ses piliers s'enroulait le jasmin, la fleur favorite de la nouvelle sultane.

Louis XV était si enchanté des innovations décoratives de sa jeune maîtresse qu'il multipliait les soupers où elle pût faire étalage de son goût pour les fleurs nouvelles, les étoffes rares, les chapeaux de paille piqués de fleurs, les perruques rehaussées de jasmin. Elle aimait cette fleur dont le parfum évoquait l'amour. Elle y restait fidèle, parce qu'elle connaissait son influence bénéfique sur la sensibilité de son royal amant. La période Du Barry fut plus sensuelle, plus gaie encore que celle de la Pompadour. Le mérite de Jeanne était aussi d'agrémenter la vie de cour par ces réceptions intimes, dont raffolait Louis XV, qui lui permettaient de donner la mesure de son talent de courtisane. Le pouvoir qu'elle avait sur le roi, dont profitait le clan d'Argenson et même, contre les parlementaires de Choiseul, le parti des dévots, devait beaucoup – le savaient-ils ? – à la senteur sensuelle de la fleur de jasmin.

La fleur de Parmentier au chapeau de Marie-Antoinette

Marie-Antoinette adorait les fleurs et ne manquait pas d'en piquer dans sa perruque ou sur son chapeau de paille, quand elle jouait les bergères dans le parc de Trianon. Ses robes étaient décorées de fleurs, ainsi que les tissus de ses appartements. Elle sacrifiait au style floral.

Elle était aussi sensible à ses devoirs d'État, et aux difficultés des campagnes françaises, toujours menacées de famine, et qui accusaient les gens de cour de jeter l'argent par les fenêtres. L'année 1785 fut particulièrement difficile, la récolte désastreuse. Les campagnes manquaient de blé et Paris de pain. On craignait des troubles, des émeutes. Le gouvernement ne savait comment y remédier, la cour était en émoi.

La reine avait entendu parler d'un apothicaire aide-major, qui disposait d'un laboratoire à l'hôtel des Invalides. Ce chercheur passionné avait suivi les armées du roi jusqu'en Allemagne pendant la guerre de Sept Ans. Il y avait découvert une plante dont les vertus étaient miraculeuses : fleurissant au printemps, elle donnait à ses racines des tubercules que les Prussiens mangeaient. Peu exigeante, cette pomme de la terre prussienne poussait en sol peu fertile, sous le pire des climats.

Il était facile de l'acclimater en France, où elle pousserait merveilleusement. Parmentier avait fait des essais concluants. Louis XVI, qui ne savait plus à quel saint se vouer pour conjurer la famine, lui avait cédé cinquante arpents de terre à Neuilly pour qu'il y plantât ses pommes de terre. Les paysans étaient méfiants : ces fruits du diable qui poussaient sous terre n'étaient-ils pas ensorcelés ? N'allaient-ils pas pourrir le sol ? intoxiquer les humains ?

Comment venir à bout de ces réticences ? Parmentier offrait gratuitement ses pommes de terre. Nul ne les recueillait, comme si elles étaient empoisonnées. On eut l'idée de faire garder les cinquante arpents de Neuilly par les soldats du roi. Si l'on prenait tant de précautions, se dirent les paysans, c'est que les pommes de terre valaient cher, risquaient de rapporter gros. On attache toujours plus d'importance à ce qui est interdit, on craint un piège dans les offrandes. Les paysans organisèrent une expédition pour voler les pommes de terre la nuit. Les soldats avaient ordre de les laisser faire.

Mais il en fallait plus pour faire connaître la pomme, qui poussait sous terre, de M. Parmentier. Les spécialistes affirmaient que ces tubercules pouvaient résoudre le problème des disettes, particulièrement au moment de la soudure, quand le blé n'était pas moissonné. Les pommes de terre n'avaient pas besoin de soleil pour fleurir. Elles étaient les fleurs du miracle. Mais nul ne voulait le croire et surtout pas les grands seigneurs agronomes, qui ne voyaient pas d'un mauvais œil le prix du blé de leurs domaines monter en flèche pendant les étés pourris.

La reine eut alors une idée géniale, pour rendre le projet

populaire, et attirer l'attention de l'opinion publique. Visitant à son tour la plantation de Parmentier, au printemps de 1786, elle cueillit une des petites fleurs blanches et la planta à son chapeau. Le geste surprit la cour, mais se répandit dans l'opinion comme traînée de poudre. La partie de Parmentier était gagnée. Chacun sut que la reine, à défaut de manger des pommes de terre, avait honoré la fleur des pauvres.

Les roses de Joséphine

M. Bonaparte, premier consul, et Madame ont acheté la Malmaison à M. Lecouteulx, qui cherchait acquéreur depuis plus de deux ans, le 21 avril 1799. Le nouveau maître est satisfait : sa femme y plante des roses.

Elle a la passion des fleurs et dépense une fortune pour constituer le plus beau jardin de France. Elle fait dessiner un parc à l'anglaise, sans lignes imposées, avec des bosquets et des parterres de fleurs variées.

Elle jardine, acclimate l'hortensia, pour faire plaisir à sa fille Hortense de Beauharnais. Elle plante la violette de Parme, le lys du Nil et le jasmin de la Martinique qui est depuis longtemps sa fleur préférée. Mais elle cultive aussi le magnolia à fleurs pourpres, le phlox, le catalpa, le camélia, les mimosas, les dahlias et les coûteuses tulipes. Elle dépense huit mille francs pour se procurer les plus belles fleurs de Hollande. À un marchand de Harlem, elle paie la coquette somme de deux mille quatre-vingt-six francs pour un seul pied d'amaryllis.

Soudain, elle découvre la rose, qui devient sa passion. De Nouvelle-Hollande, elle accueille plus de deux cent cinquante espèces. Son peintre Redouté, qui les représente sur des planches délicates et soignées, lève les bras au ciel : il ne peut suffire à la besogne et doit engager des aides.

Joséphine a pris les conseils des meilleurs experts. Elle veut attacher son nom à des espèces nouvelles, éblouissantes. Elle est aidée par le botaniste Charles-François Brisseau de Mirbel qui dresse une liste scientifique des espèces acclimatées à la Malmaison. Elle reçoit des graines des Antilles et de Schönnbrunn à Vienne, d'où Napoléon lui envoie les plantes du grand jardin botanique. Bonpland lui rapporte des fleurs d'Amérique latine. Elle fait construire une serre pour abriter les plantes exotiques.

En plein blocus continental, bravant les décrets de son époux, elle achète à Londres un nouveau rosier de Chine, qu'il faut bien transporter en France. Le pépiniériste John Kennedy reçoit une somme de sept cents livres pour convoyer le rosier d'Hammersmith à la Malmaison. Il y parvient malgré les obstacles et l'impératrice peut se flatter de posséder le rosier le plus rare.

Elle crée la rose Malmaison, blanche et rose en dégradé, la rose Joséphine aux reflets azurés, le Souvenir de Malmaison, la Belle sans flatteur ou l'Aimable Rouge. Ces fleurs sont rares, précieuses, inconnues. Le monde entier des amateurs s'y intéresse, tous viennent visiter les plantations, sauf Napoléon, qui confine l'impératrice à la Malmaison, pressé de la remplacer par l'Autrichienne Marie-Louise.

Elle est seule parmi les roses, fleurs d'amour qui deviennent, par la force des choses, celles de la nostalgie. L'Empereur lui rend encore quelques rares visites et ne lui ménage pas les moyens financiers pour qu'elle améliore sa collection. Il encourage cette innocente passion, le cœur bourrelé de remords.

Mais les amis ont fui, les courtisans sont aux Tuileries, la Malmaison ne reçoit plus que quelques visiteurs compatissants, ou la famille de l'impératrice déchue. Les fleurs gardent leur pouvoir quand les femmes sont aimées. Elles le perdent dans la disgrâce. Joséphine reste pourtant fière de ses roses et écrit encore à l'Empereur, en 1813, avec quelque amertume : « Mon jardin est le plus joli du monde. Il est plus populaire que mon salon. »

La Belle Sultane

La rose gallique, *Rosa gallica*, existait au temps des Romains et faisait les délices de Pline l'Ancien, un naturaliste amoureux des fleurs. Elle avait donné naissance, par croisement avec une rose de Damas, à une espèce nouvelle, connue en 1795 et baptisée la Belle Sultane. Seule Joséphine de Beauharnais connaissait l'histoire légendaire de cette rose.

Joséphine Tascher de La Pajerie était née en juillet 1763 dans la plantation de son père, aux Trois-Ilets, à la Martinique. Elle avait respiré enfant le parfum des bougainvillées et des jasmins, en entendant chanter les esclaves de la plantation de canne à sucre. Une enfance heureuse, insouciante, qui devait la conduire au mariage avec un Beauharnais.

Jeune fille, elle avait consulté une voyante, par jeu, avec sa cousine éloignée, Aimée du Buc de Riverny, comme elle fille de planteur. La vieille femme avait pris la main d'Aimée du Buc et lui avait dit :

– Tu seras reine !

Elle avait ajouté, en étudiant la main de Joséphine :

– Tu seras plus que reine !

La prédiction était exacte, mais par de singuliers détours. Si Joséphine devint impératrice des Français, Aimée du Buc de Riverny connut un sort moins enviable.

Le père d'Aimée avait décidé de l'envoyer en France dans un pensionnat religieux pour qu'elle y fît ses études. En 1784, elle revenait au pays, le père et la mère l'attendaient au port. Mais on n'apercevait pas les voiles du vaisseau. On craignait le pire, car les naufrages étaient fréquents dans la mer des Caraïbes. Aimée était-elle morte noyée ?

Des marins apprirent la nouvelle aux gens du port : le bateau avait été capturé par des barbaresques. Les corsaires d'Alger et de Tunis poursuivaient en effet leurs raids séculaires en Méditerranée pour vendre des esclaves aux Turcs, qui les payaient à un bon prix. Ils avaient été frappés par la beauté de la jeune fille : elle ne devait pas servir comme esclave dans quelque plantation obscure, elle était digne de la maison du dey.

Ainsi fut-elle vendue au dey d'Alger. Mais il était trop âgé pour concevoir longtemps une passion ardente. Il pensa que le sultan de Constantinople lui serait reconnaissant s'il lui fournissait, pour son harem, une jeune femme de cette qualité. Il n'était pas question de la rendre aux chrétiens, même s'ils proposaient une rançon. La jeune beauté n'avait pas de prix. Aimée fut donc expédiée au sérail.

Elle en devint très vite la reine, car Selim III, Commandeur des Croyants, la prit comme favorite. On l'appelait « la sultane française » ou encore Validé, la « première du palais ». Elle donna bientôt naissance au futur sultan Mahmud II. La prédiction de la voyante s'était réalisée : elle était devenue la reine de Constantinople.

Joséphine songea à honorer sa beauté et son souvenir en donnant son nom à la rose gallique. N'était-elle pas le résultat du croisement d'une rose d'Orient et d'Occident, comme le nouveau sultan des Turcs ? Cette rose de grande taille, presque simple et de couleur pourpre, qui ne fleurissait qu'une fois par an, mais dont le parfum était d'une infinie délicatesse, fut baptisée « la Belle Sultane ».

Le magnolia rouge de la Balbi

Elle jouait à la fermière dans son domaine de Montreuil, aux portes de Versailles, et plantait dans son chapeau de paille une de ces fleurs de magnolia rouges que Joseph de Jussieu venait d'importer du Pérou et qu'il avait heureusement acclimatées à Paris. Née Anne de Caumont La Force, elle avait épousé un comte de Balbi, riche héritier d'une famille génoise, et propriétaire de l'office de colonel en second au régiment de Bourbon-Infanterie. Elle trompait affreusement le comte, qui avait pris le parti de partir en voyage. Elle s'était en effet installée à la cour, forte de l'amitié de Marie-Joséphine, l'épouse de Monsieur, frère du roi, le comte de Provence. Elle passait pour sa maîtresse. Il l'avait installée sur un grand pied en son palais du Luxembourg.

Elle l'enchantait par son esprit, son don de la conversation, et par ses attraits physiques incomparables. Il se réjouissait de la voir rentrer des champs, son corsage largement échancré paré d'une guirlande de fleurs champêtres. Il se félicitait de l'avoir installée chez son épouse, comme dame d'atour. Quand elle revenait à Versailles, son carrosse était toujours rempli de fleurs et ses valets déchargeaient d'innombrables cages d'oiseaux qu'elle prenait au filet, et qu'elle servait en potage à son prince charmant, doté déjà d'un bel embonpoint.

Elle le suivit en exil, dès le début des événements révolutionnaires, à Coblence. Elle organisa aussitôt de ces soupers fins dont raffolait le prince. Elle n'hésitait pas, pour animer la cour, à changer de toilette en public, défrayant la verve des commentateurs : « On lui passait ses robes, et même sa chemise en notre présence », écrivait le comte de Neuilly. Elle éclipsait totalement la reine Marie-Joséphine, triste de nature, et cherchait à faire oublier au comte de Provence, héritier du trône depuis la mort de Louis XVII, les rigueurs de l'exil.

La dame au camélia rouge aurait régné longtemps sur le cœur du prétendant, s'il s'était conduit avec elle en véritable amant. Mais il était podagre, impuissant, incapable même de monter à cheval quand il attendait à Vérone la chute de l'Empire. La Balbi, alors largement quadragénaire, n'en gardait pas moins un tel appétit de vivre qu'elle choisit pour amant un jeune seigneur de vingt ans, le comte Archambaud de Périgord. Elle fut bientôt enceinte de ses œuvres et le bruit de ce scandale fit rapidement le tour des cercles d'émigrés, qui se piquaient de vertu dévote. On assurait que la « Phèdre de quarante ans » avait l'intention de se rendre à Vérone, qu'elle était déjà en route. Quel scandale !

Sur l'injonction de ses conseillers, le futur Louis XVIII céda sur toute la ligne. Il accepta d'écrire à la Balbi qu'il lui interdisait de paraître à Vérone. « Sûrement, cette lettre n'est pas de vous » répondit-elle aussitôt.

Hélas ! le prince était déterminé. Rien ne pouvait le faire changer d'opinion. Il ne voulait pas être « la fable de l'Europe » et accueillir à sa cour une femme qui passait pour sa favorite, enceinte des œuvres d'un muscadin. Les temps avaient changé : les caprices de Versailles n'étaient pas de mise en exil. On n'y supportait pas les fleurs de France, qui inspiraient des regrets, encore moins les fleurs exotiques, qui évoquaient le luxe d'antan. On ne revit jamais, dans le cortège du comte de Provence, le camélia rouge d'Anne de Balbi.

La couronne de roses de la duchesse d'Angoulême

3 mai 1814. Paris est pavoisé par les soins des royalistes qui s'apprêtent à fêter la rentrée du roi Louis XVIII dans la capitale. Les fleurs de lys sont partout apparentes et les rues sont jonchées de pétales de roses blanches.

Un cavalier, sur un cheval blanc, est follement applaudi par les jeunes gens des quartiers riches. C'est le comte d'Artois. Il est suivi par le jeune duc de La Rochefoucauld, qui a attaché sa Légion d'honneur à la queue de son cheval.

Une femme d'apparence austère, le visage fripé mais le port noble, est assise dans la voiture découverte aux côtés du roi Louis XVIII. En raison de son embonpoint, celui-ci ne peut plus monter à cheval. Il salue en brandissant un curieux bicorne empanaché, comme s'il était un maréchal de Napoléon le maudit.

La dame qui est à ses côtés n'est pas la reine de France. Marie-Joséphine est morte en effet pendant l'exil en Angleterre. Le roi est veuf. S'il a tenu à faire figurer à ses côtés la duchesse d'Angoulême, sa nièce, c'est qu'elle est la fille de son frère Louis XVI, la prisonnière du Temple, la sœur de Louis XVII, l'enfant martyr de la Révolution.

La duchesse a consenti à cautionner l'émigration de Coblence. Elle est, à la cour du comte de Provence, héritier du trône depuis la mort de Louis XVI, la garantie morale de la Couronne. Le roi podagre entré à Paris dans les fourgons de l'étranger a besoin de symboles.

Elle est toute roide dans sa robe de lamé argent et garde les lèvres pincées, comme si l'hommage des royalistes était seulement un dû, et qu'il y avait quelque indécence à l'exagérer. Elle est mariée au pâle duc d'Angoulême qui s'est révélé incapable de donner des enfants à la Couronne. Marie-Thérèse-Charlotte, Madame Royale, n'a que mépris pour lui et n'estime guère plus Louis XVIII dont la conduite à l'égard de son père a laissé à désirer. Elle est longuement acclamée par les chevaliers de Saint-Louis, car elle représente à leurs yeux la vieille monarchie, qu'ils veulent restaurer avec éclat, malgré les baïonnettes anglaises et russes encore présentes dans Paris.

Le prince de Condé, déjà fort âgé, et son fils Bourbon sont figés, à l'avant de la voiture ; ils ne répondent nullement aux vivats. Le duc d'Angoulême, époux de Marie-Thérèse-Charlotte, est à cheval, aux côtés du comte d'Artois. Il a revêtu un uniforme rouge de l'armée anglaise.

Le cortège gagne Notre-Dame, pour y entendre un *Te Deum*, comme si cette entrée suivait une victoire française. Les soldats de Napoléon, engagés dans la garde royale, rendent les honneurs. « Quand ils présentaient les armes, devait écrire Chateaubriand, c'était avec un mouvement de fureur et le bruit de ces armes faisait trembler. »

En entrant aux Tuileries où l'attendent tant de souvenirs d'enfance, la princesse perd connaissance. On la ranime et Louis XVIII la conduit au balcon pour répondre aux saluts de la foule. Pour indiquer au peuple que cette dame est la fille de Louis XVI, le roi cherchait un signe. Il ne trouve rien de mieux qu'une couronne de roses blanches, la fleur des martyrs. Marie-Thérèse-Charlotte la reçoit avec un sourire crispé. Cette parodie de restauration, cette couronne indécente lui fait sans doute penser, irrésistiblement, au sang des vrais martyrs, son père et sa mère, tués sur le pavé de Paris.

Le lys miraculeux de la duchesse de Berry

Le trône de France n'a pas d'autre héritier que Louis-Philippe d'Orléans, qui a combattu à Jemmapes et porté les couleurs de la Révolution. Le clan royaliste, autour de Louis XVIII, est en émoi. Les Bourbons n'ont plus de descendants mâles, la dynastie va disparaître.

La doublement Bourbon (c'est une princesse des Deux-Siciles) Marie-Caroline, épouse du duc de Berry, pourrait sauver l'honneur, mais son époux, le dimanche 13 février 1820, est assassiné à l'Opéra. Tout espoir est-il perdu ?

Non, car la petite princesse est enceinte. Le roi a désigné deux maréchaux pour être témoins de la naissance qui s'annonce pour la fin du mois de septembre : le maréchal duc de Coigny et le maréchal Suchet, duc d'Albufera. Ils sont cependant absents des Tuileries dans la nuit du 28 au 29 septembre, quand la duchesse ressent les premières douleurs.

Elle est presque seule au château, dans cette nuit d'automne. Seule sa femme de chambre entend ses cris et accourt en jupe courte et bas noirs pour l'aider à accoucher. Le bébé sort, c'est un garçon. On le prénommera, comme Louis XIV, Dieudonné, et Henri, comme Henri IV. On souligne ainsi sa lignée. Comme le grand roi Louis XIV, dont la naissance n'était pas attendue en raison de l'âge avancé de sa mère, celle d'Henri Dieudonné passe pour miraculeuse. Mais tout le monde dans Paris l'ignore encore.

Il est tragique qu'un enfant de France naisse sans témoins. Cela est contraire à la tradition. Marie-Caroline donne des ordres, malgré son épuisement. La gouvernante, Mme de Gontaut, court les couloirs pour en trouver. Les maréchaux sont absents, les chambres du palais closes. Elle avise les deux factionnaires de la porte d'entrée. Ils accourent avec leur sergent dans la chambre de Marie-Caroline qui leur dit :

– Messieurs, vous êtes témoins que c'est un prince. Voyez, il n'est pas encore séparé de sa mère.

Les gardes nationaux sont près de défaillir de saisissement. Le médecin accourt ; la princesse, malgré le risque encouru, s'oppose à ce qu'il tranche le cordon.

Les témoins officiels, les deux maréchaux sont enfin sur place. De nouveau Marie-Caroline écarte le drap, pour faire constater la naissance. Quand le roi arrive enfin, il prend dans ses bras le nouveau-né délivré et lui frotte les lèvres de vin d'Henri IV, le jurançon. Il salue ainsi le dernier des Bourbons.

Épuisée, la princesse s'endort quand le canon tonne. Le parfum entêtant des lys dont le roi a tapissé la chambre la repose-t-il de ses fatigues ? « Il est né, le nouveau lys de France », songe le vieux roi Louis XVIII qui désormais s'apprête à mourir.

L'avenir de la dynastie est assurée, grâce au courage d'une

vaillante petite princesse italienne, qui a porté à terme l'enfant de son époux assassiné. Faut-il s'étonner qu'elle soit devenue l'idole du parti des royalistes ultras, ceux qui arboraient en toute circonstance la fleur de lys à la boutonnière ? Le lys des Tuileries fera fleurir les lys par milliers, ceux de ses partisans royalistes qui s'ingénieront en vain à mettre Henri V sur le trône. L'enfant du miracle, le dernier lys de la couronne des Bourbons, ne sera jamais roi de France.

Les roses délicates de Marie-Amélie

Le roi Louis-Philippe est snob, comme on peut l'être à Londres. Il aime les roses comme il lit le *Times*, par snobisme. Il affecte d'acheter lui-même son journal le matin, après une courte promenade, comme un bourgeois de Londres. Il ne sort jamais sans son parapluie noir, pour ne pas être surpris par la pluie toujours menaçante. Son intérieur est cossu, ses meubles cirés, et son épouse Marie-Amélie attentive aux dépenses de maison. Le roi Louis-Philippe Ier surveille la Bourse et prend le chemin de fer. Il veut être de son temps.

Il sait que les lords anglais raffolent des écuries de course et des plantations de roses. Le duc est certes un des gentlemen les plus riches de France, mais il se garde de jouer aux courses, étant fort regardant sur sa fortune. Par contre, il considère comme un investissement adroit les rosiers et les fleurs rares, qui atteignent des cotes astronomiques quand les croisements sont réussis. Il s'intéresse à la botanique et se surprend à rêver qu'il possédera un jour la rose la plus rare du monde. Ainsi sont les collectionneurs.

Il veut l'offrir à Marie-Amélie, pour que son visage émacié s'égaie d'un sourire, en son hôtel de Neuilly. Redouté, le peintre de Joséphine, est toujours de ce monde. Il évoque, devant le roi, la fortune des grands collectionneurs anglais : Sir George Staunton, botaniste, qui a rapporté des plants de Chine, James Colville, le pépiniériste de King's Road, que le roi a eu l'occasion de rencontrer et Sir Abraham Hume, le spécialiste des chrysanthèmes, qui s'intéresse aussi aux roses.

Le roi ne veut pas de plants chinois. Non qu'ils soient passés de mode : ils font toujours l'admiration des Anglais. Mais les rapports avec l'Angleterre fraîchissent, on risque des incidents sur le plan international. Autour de 1840, l'opinion française est furieusement anglophobe. Le ministre Adolphe Thiers est le premier à dénoncer la politique anti-française du Foreign Office. Est-ce le moment d'introduire en France une nouvelle rose anglaise, croisée de roses chinoises ?

Le roi est prudent de nature et cherche toujours à flatter le sentiment national. Il s'intéresse aux roses galliques, aux provinoises, aux orléanaises, aux fleurs du terroir, seulement croisées d'orientales depuis les croisades. On lui donne satisfaction. Marie-Amélie aura sa rose : la Duchesse d'Orléans.

Elle est si discrète, si réservée, qu'elle accepte timidement l'hommage. Elle demande cependant que sa fille Adélaïde y soit associée. On lui promet de donner son nom à un sarmenteux. Il y a de bonnes raisons pour cela : Adélaïde, passionnée de botanique, est une des élèves du grand Redouté. Ce familier des têtes couronnées se fait un plaisir d'honorer la fille, après la mère. Ainsi la rose Duchesse d'Orléans sera-t-elle au catalogue extrêmement snob, très fermé, où le peintre a de sa main dessiné et colorié les plus belles roses du monde.

Un catalogue hors de portée des caricaturistes républicains, qui s'entêtent à figurer le roi avec une tête de poire.

Les hortensias d'Hortense

La mère et la fille portent des noms de fleurs : Joséphine s'appelait aussi Rose, elle avait baptisé sa fille Hortense.

L'hortensia était alors déjà connu des botanistes. Ils savaient que cette plante venait de Chine et du Japon et qu'elle prenait des couleurs variées selon la nature du sol où elle était plantée. Joséphine avait juré d'offrir à Hortense des hortensias bleus.

Rien n'était trop beau pour Hortense, qui avait le charme et l'élégance nonchalante de sa mère. Elle pouvait prétendre aux plus beaux partis, et Joséphine, la détournant du colonel Duroc, dont Bonaparte voulait faire un général, l'avait jetée dans les bras de Louis, frère de l'Empereur, un jeune homme doux, d'un avenir assuré.

– J'ai élevé Louis, disait Napoléon, je le regarde comme mon fils. Ta fille est ce que je chéris le plus au monde. Leurs enfants seront les nôtres. Nous les adopterons.

Joséphine était devenue stérile. L'idée d'une semblable adoption avait cheminé dans sa tête.

– On ne te demande pas de l'aimer avant, mais de l'épouser, avait-elle dit à sa fille. L'amour viendra plus tard.

Il ne vint jamais. Louis était malade, chagrin, soupçonneux, bientôt jaloux : le pire des maris. Il traînait sa lassitude de ville d'eau en ville d'eau, sans plus s'occuper de sa femme que pour la surveiller et lui adresser de continuels reproches. Elle était belle et saine, il ne pouvait le supporter.

Le premier enfant qu'elle mit au monde, Napoléon Charles, fut considéré comme le dauphin. Rien n'était trop beau pour lui. L'Empereur se montrait souvent en sa compagnie, au point de rendre son frère Louis ivre de jalousie. Et si l'Empereur était le vrai père de son fils ?

Hélas ! Le petit Napoléon mourut alors que son père était roi de Hollande. Hortense était au désespoir. S'était-elle sacrifiée pour rien ? Elle se consola dans les bras d'un bel officier, Charles de Flahaut, mais donna à son mari deux autres fils, dont Louis-Napoléon, qui sera Napoléon III. Elle eut aussi de Flahaut un fils, demi-frère du futur empereur, qui prendra le titre de duc de Morny.

Son mariage avec Louis était une catastrophe. Il abdiqua de son titre de roi de Hollande en 1810. Elle se sépara bientôt de lui pour courir l'Europe, vouée éternellement à l'exil.

Joséphine s'accusait d'avoir fait le malheur de sa fille et entretenait avec elle, tant qu'elle vécut à la Malmaison, des rapports affectueux. Elle recevait souvent ses petits-fils, elle était une grand-mère attentionnée. Elle ne savait pas comment se faire pardonner le mariage qu'elle avait imposé à Hortense. Pouvait-elle se douter qu'il donnerait naissance au Second Empire ?

En 1815, quand Napoléon revint de l'île d'Elbe, Joséphine était morte à la Malmaison. Hortense se mit à la disposition de l'Empereur, organisa sa maison des Tuileries. Elle se promenait avec lui à la Malmaison quand elle aperçut une touffe d'hortensias bleus : ceux que sa mère avait plantés à son intention. Elle ne put retenir ses larmes devant ces fleurs de mélancolie qui lui rappelaient le regard doux et voilé de

Joséphine, un regard absent. « C'est la femme que j'ai le plus aimée », dit, dans un songe, Napoléon.

Les violettes impériales

Elle est de petite noblesse d'Espagne et s'appelle Eugénie de Montijo. Il est le neveu de Napoléon, mais pour l'heure sans argent, même s'il est au pouvoir : il s'appelle Louis-Napoléon Bonaparte. Ils ne rêvent, l'un et l'autre, que d'un mariage bourgeois et même petit-bourgeois qui les distingue des grands de ce monde, de Victoria d'Angleterre, du tsar, de l'empereur d'Autriche ou du roi de Prusse. Ils ne comptent que sur eux-mêmes. Ils ont l'un pour l'autre des sentiments de midinette.

Le prince a de réelles difficultés à obtenir la main de la jeune comtesse dont il est amoureux. Il est vrai qu'elle est fort belle : deux beaux yeux d'un bleu vif, rares chez une Espagnole ; grande et mince, des épaules charmantes, un profil de médaille, une peau très fine. Il en rêve le soir dans la solitude du palais de l'Élysée. Non qu'il n'ait jamais connu de femmes : sa collection de dandy est convenable, de la riche bourgeoise à l'étrangère de haut rang, en passant par les gigolettes infernales qui plaisent à ses sens déjà fatigués. Mais il n'a connu que des aventurières ou des demi-mondaines. Il aspire à un mariage d'inclination, avec une vraie jeune fille. Il lui pardonne d'être ambitieuse, pourvu qu'elle lui apporte sa vertu, comme dans une noce villageoise.

Il la couvre de fleurs dès les premières rencontres. Elle n'en est pas touchée outre mesure. Sa mère la propulse dans la haute société. Elle a trop d'ambition pour elle pour tolérer la moindre incartade : Eugénie marche droit.

Il l'a remarquée dans les salons de la princesse Mathilde, et lui a fait livrer dès le lendemain les plus belles fleurs de Paris. Il l'a invitée à dîner à l'Élysée où il n'est encore que prince-président. Elle s'y est rendue dans une robe bleu pâle, très décolletée. Le prince l'a invitée ensuite à Saint-Cloud. Elle s'y est rendue avec sa mère et a repoussé ses avances. Comme il insistait, les dames sont parties en Belgique, en Allemagne, pour prendre les eaux.

Elle a accepté de se rendre au grand bal du prince-président. Elle y est apparue dans tout l'éclat de ses vingt-cinq ans, habillée par Palmyre. Quelques jours plus tard, elle est au Théâtre-Français où l'on joue *Britannicus*. Soudain la porte de sa loge s'ouvre. Le prince salue, s'excuse, regrette de ne pouvoir rester en raison des devoirs de sa charge.

Il dépose sur ses genoux un bouquet de violettes.

« Je ne suis pas assez grande dame pour l'épouser, se dit-elle, et je ne serai pas La Vallière. »

Mais le bouquet de violettes l'émeut. On jase à Paris sur la « bouquetière ». On s'étonne de l'obstination du prince. Va-t-il l'épouser ?

Il fait sa demande à la mère, en bonne et due forme, en gants blancs et le bouquet de violettes à la main.

« Personne plus qu'elle, lui a-t-il écrit, n'est capable de faire mon bonheur. »

– Votre cœur est-il libre ? demande-t-il à Eugénie.

– Je sais que l'on m'a calomniée, lui répond-elle. Mais je puis vous assurer que je suis demeurée demoiselle.

Tout est en ordre pour le mariage bourgeois. Il y manquait un brin de poésie. Les violettes ont joué leur rôle. Des violettes impériales.

III.

Fleurs du miracle

Dans l'approche magique du monde, les plantes ont un rôle privilégié. Il est clair qu'elles ne sont pas indifférentes, qu'elles peuvent être bonnes ou mauvaises, sauver ou condamner : les sociétés primitives usent toutes de fleurs médicinales, ces fleurs que la sorcière de Michelet cueille, au Moyen Âge, dans les ruines des villages détruits par la peste. Les fleurs qui tuent sont aussi des fleurs qui sauvent. Ceux qui connaissent leurs vertus ont dans les sociétés primitives un pouvoir qu'ils conservent, en fait, très longtemps.

Saint Vincent de Paul, esclave en Berbérie, rentre en France avec une recette de plantes contre la gravelle qu'il a reçue d'un alchimiste nord-africain. L'ancêtre des médecins, Paracelse, connaît les propriétés des plantes et des métaux. La médecine antique est à base de plantes, et les efforts des médecins de l'Antiquité sont de retrouver les recettes dont les effets ont été reconnus. Ceux du temps de Molière décrètent qu'il n'y a pas seulement de bonnes et de mauvaises fleurs mais de bons et de mauvais médecins. Les mauvais s'appellent les sorciers et sont promis au bûcher. Voici donc la fleur au centre d'une problématique de la répression : faut-il brûler ceux qui connaissent les vertus de la valériane, de la gentiane, de la belladone ?

Les fleurs ont un pouvoir magique : telle est la première donnée de l'expérience humaine dans les sociétés primitives, qui se prolonge, se diversifie, se marginalise dans les sociétés plus évoluées.

Dès qu'elles ont besoin de protection pour subsister, s'accroître ou résister aux calamités naturelles, aux guerres imprévues, aux invasions menaçantes, ces sociétés instaurent un rapport avec les dieux. Les fleurs jouent, de nouveau, leur rôle : où sont les dieux ? Ils peuvent être partout. Il faut les situer, les localiser, les reconnaître. La fleur est un signe de reconnaissance : où poussent le lotus des pharaons ou le prunier sacré des Yang, là sont les dieux.

Les fleurs servent aussi à manifester la reconnaissance des hommes pour les bienfaits qu'ils ont reçus du Ciel. On coupe les fleurs plantées et semées en une sorte de sacrifice de la beauté à l'éternel. On tranche la tige des lys comme le cou des agneaux. La sève de la plante, comme le sang, abreuve et apaise le dieu jaloux. Un sacrifice qui est une offrande, accompagnée d'une oraison. Les fleurs entrent dans les pratiques cultuelles et deviennent, par là même, objets d'histoire.

Pas n'importe quelles fleurs : rien n'est mieux balisé que le parcours cultuel, car il est illuminé de symboles. Les religions initiatiques s'attachent à des fleurs rares, puissamment symboliques : le lotus ou le cerisier, le lys ou la rose-croix, l'arbre de Judée ou le narcisse. La floraison signifie que le sujet de l'adoration est sur la bonne voie, celle qui montre la lumière d'Éleusis et permet d'accéder à la vérité dans la caverne. Les religions sacrificatoires reposent sur l'adhésion au culte des concentrations humaines généralement adoratrices d'un dieu unique : celui-ci peut être, ou non, universel. Apollon est le dieu unique de Delphes, et Zeus celui d'Olympie. Mais il est seulement le maître de l'Olympe, le plus grand des dieux. Le dieu chrétien ou celui de l'Islam (c'est le même) sont universels, et nul ne peut se dérober à son regard cosmique.

Ces cultes utilisent les fleurs sous différents aspects. La fleur mystique représente la symbolique de la méditation : ses pétales indiquent des quartiers de signification, ses formes des isolats de la conscience, ses couleurs des sentiments sacrificiels ou méditatifs ; la rose est, dans la période chrétienne, la fleur privilégiée de cette première attitude, qui recherche la fusion au divin dans la transcendance.

Le deuxième aspect du rituel est l'enfermement dans l'enceinte sacrée : le bois des Gaulois et des Romains, le jardin des Iraniens, des Égyptiens, des musulmans et des Chinois bouddhistes, des Japonais shintoïstes, le cloître chrétien aux fleurs de pierre, les parcs des princes et des prêtres, où le parcours entre les parterres marque autant d'étapes de la méditation.

Mais les peuples exigent plus, des rassemblements mythiques sur les lieux de miracle et d'espoir, des sacrifices illimités de fleurs, des envols de millions de pétales vers le ciel. On reconnaît ici les rites d'adoration des fleurs, qui peuvent être ou non sacrificiels : le vent arrache au cerisier blanc de Kyōto ses pétales, les clercs jettent à poignées les fleurs des rosiers sous les sabots des chevaux du roi, pour célébrer une joyeuse entrée. Les banquets de Louis XIV mobilisent les orangers, et les messes de Notre-Dame exigent le sacrifice de milliers de fleurs décoratives, qui sont des hommages publics à la Vierge. On ne peut l'honorer qu'en lui offrant des fleurs, on les dépose à tous les carrefours, au pied des statuettes embusquées dans les coins de murs. On les offre enfin chaque année le jour des morts, et les cimetières deviennent des champs immenses de fleurs coupées, de fleurs mortes.

Dans les cent fleurs de l'Histoire, combien relèvent de ce

rapport historique, variable, toujours fiévreux et parfois convulsif, soumis aux pressions des exigences temporelles, entre les hommes et le ciel tel qu'ils se le représentent ? Il n'y a pas de fleurs sacrées, mais des sacralisations successives des fleurs.

Et d'abord par les miracles : un des moyens de conversion les plus efficaces, les plus répandus, de l'Antiquité païenne au christianisme. Nombre de faits miraculeux, transmis par la légende, ont conduit les hommes à choisir parmi eux des héros et des saints. Les exploits d'Hercule tenaient du prodige, ceux de saint Yves, en Bretagne, du miracle. Le saint homme, comme en Touraine Martin, exprimait les désirs de Dieu, bénéficiait de sa clémence visible, démontrait en somme l'existence d'un être éternel, intervenant dans le temporel.

Les fleurs elles-mêmes, par leur beauté, leur variété, leur imprévisible naissance, au caprice des vents, ne sont-elles pas autant de miracles ? Elles sont aussi l'instrument du divin, une des manières des dieux, ou du dieu des chrétiens, des juifs et des musulmans de se manifester dans les sociétés humaines. Elles servent les desseins de la conversion et leurs légendes courent d'un village à l'autre, de pagus en pagus, de plou en plou. Elles constituent ainsi le fonds culturel commun qui permet aux religions d'investir les sociétés. Celles-ci vouent dès lors un culte à ces fleurs du miracle.

L'oranger des Hespérides

Les orangers donnent en même temps des fleurs et des fruits, de sorte que l'orangeraie embaume. Un de ces jardins privilégiés était, à l'aube des temps, gardé par le géant Atlas.

Les Anciens concevaient le ciel comme une voûte dont les colonnes étaient aux extrémités de la terre. Celles de l'Occident étaient en Mauritanie. Atlas, qui avait osé combattre les dieux avec les géants, avait été condamné par Zeus à porter la voûte des cieux sur ses épaules. Il avait aussi pour tâche de surveiller le jardin des fruits d'or avec ses filles, les Hespérides, et le dragon Ladon aux cent têtes. Tel est le récit d'Homère, aux temps les plus lointains de l'histoire grecque.

Les dieux commandèrent à Hercule, meurtrier de ses fils, d'exécuter en expiation douze « travaux », dont l'un était de voler les fruits d'or du jardin des Hespérides. Mission sacrée, décidée après consultation de l'oracle d'Apollon à Delphes. Hercule, à son tour, consulta Nérée, le « vieillard de la mer », un sage prophète qui passait pour être le gardien des phoques de Poséidon, dieu de la Mer. Nérée se changea en eau et en feu pour échapper aux questions d'Hercule, mais celui-ci réussit à savoir où se trouvait le jardin : à l'extrême ouest du monde, aux confins de la Méditerranée.

Hercule fut assez heureux pour approcher les « nymphes

du couchant », les Hespérides. Elles lui révélèrent que les fruits d'or avaient été offerts à Héra, l'épouse de Zeus, lors de son mariage, et qu'ils avaient une valeur inestimable. Capturées par Busiris, roi d'Égypte, alors qu'elles gardaient des troupeaux, elles étaient prisonnières en ce lieu, surveillées par le dragon, et ne devaient pas le quitter. Hercule, inspiré par Héra, les délivra et les rendit à leur père, Atlas.

Hercule tenait sa récompense : il pouvait cueillir les oranges, qu'il avait repérées grâce au parfum des fleurs. À qui les remettre ? Il ne pouvait garder pour lui des fruits aussi sacrés. Il rejoignit le Péloponnèse et se présenta au palais du roi de Mycènes, Eurysthée, qui nourrissait à l'encontre de la famille d'Hercule, les Herculides, une haine inexpiable. Les dieux s'étaient servis de lui pour demander à Hercule d'accomplir ses douze « travaux ». C'est à lui que le héros devait rendre des comptes. Il comptait ensuite rentrer tranquillement chez lui, à Argos. Eurysthée veillerait à ce que les dieux reçoivent le présent des fruits d'or retrouvés.

Hercule ne put tenir dans Argos. Eurysthée lança contre les Herculides des campagnes d'une telle violence qu'ils durent abandonner leur territoire et se réfugier en Attique. Athéna, la déesse du lieu, grande rivale d'Héra dans l'Olympe, résolut alors de voler à son tour les pommes d'or d'Eurysthée. La déesse de l'olivier devint celle de l'oranger.

Les fleurs divines de l'oranger figuraient dans les guirlandes d'Athéna. Elles conservaient longtemps leur fraîcheur et leur parfum, au point que la coutume s'établit de couronner les mariées de fleurs d'oranger, signe de pureté, dans la cérémonie des noces.

Le pavot de Déméter

Cette autre fleur du miracle, le pavot, permet à l'homme d'oublier sa souffrance et de rejoindre le paradis des songes. La première consommatrice du pavot fut une déesse grecque, Déméter.

La fleur est fascinante, blanche ou rouge, selon les régions. Elle se dresse sur des tiges longues, étalant ses quatre pétales au soleil. Elle se tord au vent, se chiffonne comme des fleurs de papier avant de fermer ses étamines en son cœur noir. Très nombreuses, celles-ci jettent la semence à tout vent. Un fruit en capsule apparaît, où Déméter trouva la première la substance qui donne le sommeil profond.

Les pavots sont de Crète et d'Argolide, de Mycènes et de Béotie, de Thessalie et d'Attique. La Grèce en regorge. Déméter, déesse de la Végétation, les a-t-elle cueillis dans un champ de blé ?

Sa tristesse est immense depuis que l'infâme Hadès, le dieu des enfers, a enlevé sa fille Coré. Elle parcourt le monde à sa recherche, et ne se console pas de son absence. Sans Déméter, la végétation s'arrête, les champs deviennent chauves, les arbres perdent leurs feuilles : l'enlèvement de Coré est un désastre pour la nature. Est-ce la fin du.monde ? Zeus n'en a nulle envie. Il intervient pour que le ténébreux Hadès consente à laisser partir la jeune Coré chez sa mère, pendant la moitié d'une année. Sur un bas-relief de Pharsale, en Thessalie, on aperçoit Déméter qui retrouve Coré. Elle lui tend une fleur de pavot.

Grâce à l'oubli, elle pourra passer l'hiver, ses angoisses ont disparu. Elle rêvera de champs de blé féconds, où poussent les coquelicots. Et quand le printemps viendra, Déméter retrouvera sa fille.

Ainsi le pavot n'était-il nullement mal vu en Grèce. Il était au contraire considéré comme la plante miraculeuse, qui symbolisait le nécessaire retour des saisons et le temps mort de reconstitution de la nature, après les riches moissons.

On le retrouve à Éleusis, quand on célébrait, au temps de la puissance d'Athènes, des mystères qui évoquaient le rapport des hommes et de l'éternel. Une fois de plus, la fleur magique favorisait le passage, sur le parcours secret des âmes à la recherche de la vérité. La fleur des songes était aussi celle de la sagesse. Comme au temps des premiers Grecs, elle célébrait le mystérieux rapport du sommeil de la terre et de la miraculeuse renaissance du printemps, que l'on ne pouvait attribuer alors qu'à la bienveillance des dieux.

La fleur de poirier de Marrakech

La fleur blanche du poirier est, comme celle du pommier, des plus répandues en Occident. Nul ne songerait à en faire des bouquets tant elle est rustique, solide, attachée de très près aux branchons. À qui viendrait l'idée d'enlever à l'arbre nourricier des promesses de fruits aussi succulents ?

Il se trouve que cette fleur est associée à des souvenirs miraculeux, dans la tradition musulmane des conteurs du Maroc.

Un homme dort sur une place de sable infinie, au bord de l'Atlantique. Des pêcheurs ou des marins le placent dans une barque, qui dérive au fil des vagues. Il dort toujours. Sans avoir conscience de son aventure, il se réveille. Il est encore sur une plage, mais il ne reconnaît pas le décor de l'arrière-pays.

Il se lève d'un bond, cherche des yeux la palmeraie qui domine son village, en vain. Il est dans un désert de pierres, au débouché d'un oued asséché l'été. Rien d'humain à l'horizon, et la mer est déserte.

Le malheureux se jette à genoux dans la direction de La Mecque et prie, prie sans cesse car il est fort croyant. Est-il possible que Dieu se joue ainsi de lui, jusqu'à lui faire perdre toute conscience du monde ? Est-il encore sur terre ? Où sont les tours rouges des murailles de Marrakech ?

Un groupe de cavaliers aux djellabas blanches surgit soudain, comme s'il tombait du ciel, au triple galop. Les chevaux hennissants s'arrêtent net devant l'homme. Le chef lui parle dans sa langue.

– Suis-nous. Le maître veut te voir.

Il se demande dans quel piège il est tombé. L'un des cavaliers l'a chargé en croupe, sur son cheval bondissant. Le voilà engagé dans un sentier touffu, bordé d'épineux qui déchirent ses membres au passage. Il est brutalement jeté à terre dans la cour du palais d'un puissant personnage, plantée de jasmins et de citronniers.

Deux hommes le redressent, le conduisent au hammam pour qu'il se détende, et lui donnent des vêtements propres.

– Le roi veut te voir, lui répète-t-on.

Il est introduit dans le palais du sultan de Marrakech. Il se prosterne aussitôt. Le maître lui fait signe de se relever, et tourne autour de lui sans dire mot.

– Sais-tu cultiver la terre ?

– C'est mon métier, dit-il. J'ai chez moi du blé à foison, de l'orge pour les chevaux, des légumes du paradis, des fruits à profusion.

Le sultan l'interrompt, lui tend un branchon de poirier.

– Plante-le, lui dit-il. S'il fleurit, et s'il donne des fruits, tu pourras me demander ce que tu veux. Si rien ne se produit, le bourreau te tranchera la tête.

Muet de saisissement, l'homme prend la branche, presque sèche, la regarde longuement, sort en se prosternant. Il se hâte de la planter en bonne terre, et de l'arroser plusieurs fois par jour en priant Allah. Dès l'aube, il se lève pour essayer de distinguer sous l'écorce des signes de croissance : pas le moindre bourgeon ! Après la trentième lune, une petite fleur de poirier fleurit au sommet du branchon. L'homme se jette à terre pour remercier Allah. Un autre bourgeon pousse, éclôt le lendemain. Après plusieurs semaines de soins assidus, les fleurs tombent, les fruits grossissent. Il tient deux poires, qu'il présente au souverain. Le sultan le couvre d'or. Il est un homme riche quand il rentre chez lui, un homme béni d'Allah. Le miracle du poirier l'a sauvé. Parce qu'il était un homme de foi.

L'aubépine de Saint-Martin

L'aubépine est une fleur rustique, qui fleurit dans toutes les haies de Bretagne, de Normandie, des pays de Loire, de toute la France herbagère. Ses petites fleurs blanches sont charmantes, on les cueillerait volontiers si les branches n'avaient pas d'épines.

La vertu magique, ou pour les chrétiens miraculeuse de la fleur est attestée par Grégoire de Tours, qui raconte un miracle survenu après la mort de saint Martin.

Cet ermite était lui-même faiseur de miracles. Cent villages de France portent encore son nom aujourd'hui. Il n'avait pas son pareil pour faire surgir l'eau des sources, dans les pays où les cultures en manquaient cruellement. Il guérissait de tous les maux les hommes et même les troupeaux. Les gens en difficulté ne l'imploraient jamais en vain. Ses tournées de conversion en Gaule étaient célèbres. On se précipitait pour venir au-devant de lui. Les femmes tombaient en oraison, les hommes baisaient ses pieds. Il n'avait qu'à prier et lever ses paumes vers le ciel pour que la pluie tombe ou que l'épidémie cesse. On lui prêtait des prodiges.

Rien n'était trop beau pour lui rendre un culte. Les églises, les oratoires avaient surgi en Touraine, où il officiait, et les dons affluaient dans la basilique de Saint-Martin-de-Tours. Quand il mourut, le 8 novembre 397, il était en visite dans le bourg de Candes. Les gens entendirent à sa mort, raconte Grégoire de Tours, « un concert dans les cieux ». Mais son corps fut aussitôt disputé entre les gens de Poitiers, dont Martin était abbé, et ceux de Tours, dont il était évêque. Chacun voulait bénéficier des miracles *post mortem*, ceux qui se manifestaient rituellement autour des sépultures des saints.

– Il vous a ressuscité deux morts, disaient ceux de Tours à leurs adversaires, à nous, un seul... Il est donc juste que ce qu'il n'a pas fait pour nous, étant vivant, il le fasse, étant mort.

Le corps du saint était gardé dans la maison où il était mort par des hommes des deux partis, les portes fermées.

Quand il fit nuit noire, les Poitevins cherchèrent à emporter de force le cadavre du saint. « Mais le Dieu tout-puissant, ajoute Grégoire de Tours, ne permit point que la ville de Tours fût privée de son patron. Au milieu de la nuit, toutes les troupes de Poitevins furent accablées de sommeil, et il n'y eut pas un homme de cette multitude qui veillât. »

Les Tourangeaux placèrent alors le corps dans une barque. Ils l'entourèrent de cierges et naviguèrent lentement, en chantant des psaumes, le long de la Vienne. Quand ils entrèrent dans le lit de la Loire, en longeant la berge, la foule massée le long de la rive poussa de grands cris. Les fleurs avaient surgi soudain des buissons d'aubépine, en plein novembre. Le ciel saluait ainsi, par un miracle, le retour dans sa ville du grand saint thaumaturge.

Dieu avait choisi la plus rustique, la plus humble des fleurs pour manifester sa reconnaissance à tous ceux qui priaient à genoux le saint homme. Le buisson d'aubépine était le signe de sa présence directe. Pendant tout le haut Moyen Âge, de tels signes de la bienveillance du ciel étaient guettés par les chrétiens. L'aubépine fleurie devint sacrée, parce qu'elle avait été l'instrument choisi par le Seigneur pour se rendre visible aux hommes de foi.

Le sabot de la Vierge

Le sabot de la Vierge est une des vingt-cinq mille orchidées existant dans le monde et dont l'origine remonte à la nuit des temps. Mais il est lié directement à l'histoire de Marie.

Cette humble fleur est de nature, et non de culture. On la trouve sur les sols les plus déshérités des montagnes, dans le Champsaur ou les Hautes-Alpes, comme si sa graine s'était échappée des feuillets de l'Écriture sainte. Une légende en effet la sanctifie, celle de la fuite en Égypte.

La Sainte Famille a pris la piste du Nil, pour échapper aux persécutions d'Hérode. Des cavaliers romains sont sur ses traces, les fugitifs ne peuvent prendre de repos. Marie, Joseph et l'Enfant Jésus sont seuls dans le désert. La mère et l'enfant sont sur un âne que tire Joseph, qui a été prévenu en songe.

Le secours du Ciel se manifeste constamment au cours de cet exode douloureux : les anges aident l'âne à franchir une rivière ; ils interviennent pour faire surgir des dattiers quand la famille est épuisée, presque morte de faim. Les épisodes en ont été illustrés par les plus grands peintres, de Rubens à Claude Lorrain. Ils représentent tous l'intervention du surnaturel. Pas un pourtant ne fait allusion aux sabots de la Vierge.

Seule la tradition orale fait état de ce miracle qui ne figure pas dans les textes sacrés. La Vierge est lasse, mais l'âne refuse tout service. Il ne peut plus avancer. Les soldats d'Hérode auront-ils raison de la Sainte Famille ?

Aucun signe ne vient du Ciel. La Vierge tient son enfant dans ses bras, pour l'abriter du soleil trop fort, elle a déployé sur lui son manteau de voyage. Saint Joseph, effondré, ne trouve plus le courage de s'appuyer sur son bâton. Le Ciel veut-il qu'ils meurent en plein désert ?

Joseph se redresse, dans un sursaut inattendu. Il a vu au loin les cavaliers qui sont à leur recherche. Il soutient la Vierge, qui ne peut plus marcher. L'âne les suit à grand-peine.

Soudain Joseph tombe à genoux. L'ange apparaît de nouveau, fait un signe. Une oasis sort des sables, un véritable bois sacré, avec de l'herbe verte, pour reposer les pieds de la Vierge. Les lys resplendissent, les pivoines s'égrènent en turbans vermillons, les iris déploient leurs feuilles de sabre. Est-ce un mirage ? L'eau de la source est fraîche, les fruits des arbres délicieux. L'Enfant Jésus s'endort. Joseph se repose. La Vierge prie, adossée à un palmier.

Le jour venu, l'oasis merveilleuse s'est volatilisée. Ils ont devant eux, à l'infini, le moutonnement des dunes. Il faut reprendre la route. Mais l'ange encore une fois paraît, une baguette de laurier à la main. Il désigne dans le sable de petites fleurs blanches miraculeusement épargnées. La Vierge en saisit une : sa corolle en doigt de gant, ses pétales en ailes de papillon...

L'ange lui fait signe de cueillir les corolles et de les chausser. Elle glisse leur velours sur ses pieds meurtris ; les fleurs l'aident à marcher sur le sable sans aucune fatigue. Des sabots ailés, mystérieux, qui la conduisent à bon port, l'Enfant Jésus dans ses bras. C'est le seul exemple mythologique d'une fleur aidant matériellement, et non symboliquement, une entreprise divine. La légende signifie, à l'évidence, que les ressources les plus cachées de la nature, servies par l'Esprit saint, peuvent contribuer à la gloire du Christ, par un miracle de Dieu.

L'orchidée de Pétola

Pétola est une magnifique déesse que les dieux ont envoyée à Java pour convertir les habitants de l'île, fort incroyants. Elle compte sur son charme pour les convaincre qu'ils doivent renoncer aux pratiques magiques pour se consacrer aux vrais dieux.

Le corps drapé dans une écharpe de soie mordorée, la déesse, à peine débarquée, suscite des rassemblements. Jamais on n'a vu de beauté aussi radieuse. Elle parle du ciel et leur montre les moyens d'y accéder par la réflexion spirituelle. Mais les hommes la regardent plus qu'ils ne l'entendent. Ses discours sur les nouveaux dieux ne les détournent pas du génie de la mer ou des dieux animaux des forêts. Leurs femmes les poussent à la méfiance : d'où vient cette étrangère qui se prétend messagère des dieux ? Ne risque-t-elle pas d'attirer le malheur sur la communauté, en indisposant les génies du Ciel ?

Après quelques jours de prédication, les charmes de la déesse ont perdu leur effet. Les hommes ne veulent plus l'écouter. Elle parle devant les enfants grimaçants, qui la poursuivent avec des pierres. On lui interdit l'accès des villages, on lui donne la chasse. Les Javanais refusent les dieux d'importation, ils veulent vivre entre eux, avec leurs génies familiers.

Pétola se réfugie au fond de la forêt épaisse, sans crainte des serpents, ni des araignées venimeuses. Aucun des hommes qui la poursuivent ne revient à de meilleurs sentiments. Ils restent plus que jamais hostiles.

Le lendemain matin, elle sort de la forêt, les traits crispés, menaçante. Des éclairs sortent de ses doigts. Le tonnerre tonne dans le ciel. Les Javanais se jettent à genoux, comprenant enfin qu'ils ont vraiment devant eux une envoyée des dieux, et peut-être une déesse. Ils la supplient de les pardonner. Ils adoreront les dieux qu'elle leur désignera.

Elle n'accepte pas leur soumission et disparaît à leurs yeux. Mais sa merveilleuse écharpe de soie est restée attachée aux rochers. Une plante pousse là aussitôt. Les hommes tombent à genoux, implorants. Sur les pétales de la fleur ils reconnaissent la trace des filaments de l'écharpe sacrée. Les Javanais viennent de tous les villages pour assister au miracle. On recueille la fleur avec soin, on la cultive, on essaie de la reproduire.

Tous ces efforts sont vains. Les fleurs meurent devant les villageois désespérés. Pétola réapparaît alors, dans toute sa beauté. Elle prend les racines mortes dans ses blanches mains, les ranime, les place sur les rochers où elles reprennent aussitôt leurs formes et leurs couleurs.

L'île se convertit. Les rochers de la déesse Pétola deviennent le lieu d'un culte. Des gardiens se relaient jour et nuit pour protéger la fleur, que l'on nomme *Macodes Petola*, du nom de la déesse. L'orchidée vient de faire son entrée dans la mythologie de l'Extrême-Orient, au prix d'un miracle accompli par une déesse de la beauté et de l'amour, une sorte d'Aphrodite javanaise des temps très anciens, antérieurs au bouddhisme.

Ainsi le miracle des fleurs n'est pas une spécialité de l'Occident. Il était aussi de mise dans les légendes d'Extrême-Orient. Mais Martin n'avait aucune exclusivité sur l'aubépine, pas plus qu'Hercule sur la fleur d'oranger. Alors que l'orchidée de Pétola porte son nom et l'immortalise, elle est liée directement à la déesse miraculeuse.

L'anémone d'Adonis

L'anémone vient d'Adonis. Elle est aussi bien la fleur du miracle que du sacrifice sanglant. On la trouve partout en Europe, c'est la fleur de Pâques, qui fleurit à partir de mars dans les bois, sur les coteaux les plus arides. On teignait jadis les œufs de Pâques avec ses pétales. Elle change de couleur selon les sites, violette en montagne, blanche à taches pourpres dans les bois.

Adonis était un Phénicien qui se mourait d'amour pour Ashtart, une déesse orientale belle et capiteuse comme une fleur du mont Liban. Il fut tué à la chasse par un sanglier et son amante descendit aux enfers pour le sauver. Les Grecs se sont emparés de cette légende : ils ont hellénisé le jeune dieu mort à la chasse pour en faire l'amant d'Aphrodite, la Vénus des Romains. Ils ont enjolivé l'histoire, d'un siècle à l'autre, d'une ville à l'autre. Ainsi racontait-on à Thèbes qu'Adonis n'était pas un inconnu des dieux : enfant, il avait été recueilli à sa naissance dans un buisson de myrte aux blanches fleurs, symbole de pureté, et confié à l'épouse d'Hadès, Perséphone, appelée encore Coré, la fille de Zeus et de Déméter. Il n'était certes pas très heureux pour lui de devoir suivre sa mère adoptive aux enfers, où elle devait rejoindre Hadès.

Les dieux eurent pitié de lui. Zeus voulut bien rendre un arrêt du haut de l'Olympe : l'enfant resterait sur terre, auprès d'Aphrodite, les deux tiers de l'année, tant que les platanes auraient des feuilles. Le reste du temps, il rejoindrait Perséphone aux enfers.

Il fut ainsi, non pas l'amant, mais l'enfant chéri d'Aphrodite, son fils adoptif, pour qui elle concevait la plus tendre inclination. Il était beau comme un jeune dieu, habile au tir à l'arc, rapide à la course. Se ferait-il tuer à la bataille avec les autres Grecs, dans quelque guerre civile inspirée par les dieux jaloux ? Aphrodite le préservait de tout, tolérant seulement qu'il poursuivît dans les bois les cerfs à la chasse.

On garda de la légende phénicienne l'épisode du sanglier : sa chasse est dangereuse, l'animal est rapide, perfide, prompt à se retourner pour lancer une charge mortelle. Les Grecs, qui raffolaient de sa chair, le chassaient à l'épieu. Seuls les hommes très musclés, rompus à ce genre de chasse, pouvaient venir à bout des sangliers. Le jeune Adonis était trop frêle, trop gâté par Aphrodite. Blessé, il mourut seul dans la forêt, abandonné de tous.

Aphrodite laissa couler ses larmes. Elle aimait cet enfant que le hasard lui avait envoyé. Inconsolable, elle vit chacune de ses larmes se changer, par miracle, en roses blanches. De chaque goutte de sang d'Adonis jaillissait tout aussi miraculeusement une fleur, que le vent (*anemos* en grec) emportait à l'infini, ponctuant les vertes prairies d'autant de taches rouges du sang d'Adonis.

Cette fleur du miracle célèbre ainsi, chaque année, la mort injuste d'Adonis, dont la vie n'avait pas touché à son terme. Mais elle fête aussi sa renaissance, à chaque printemps, sur la pelouse sacrée d'Aphrodite.

L'arbre de Judée

L'arbre de Judée est étrange : son bois semble plusieurs fois centenaire, tant il est craquelé, marqué de rides. Mais cet arbuste fournit au printemps des fleurs qui sont directement fixées au tronc noueux et tordu, et s'agglutinent en grappes rose lilas, pour lui donner l'aspect d'un véritable buisson de fleurs.

On l'appelle encore gainier et il peut atteindre jusqu'à huit mètres de hauteur. On le trouve sur les bords de la Méditerranée, et naturellement en Judée, cette région de l'Antiquité qui était la patrie des Juifs. On donnait le nom de Judée, au temps des Romains, à la partie sud de la Palestine, entre la mer Morte et la Méditerranée, c'est-à-dire à l'ancien royaume de Juda.

Cette Judée était celle du Christ. État vassal de Rome à l'époque du roi Hérode, elle avait été le théâtre de la Passion, de la mise au tombeau et de la Résurrection. Elle portait sur ses coteaux des buissons entiers d'arbres de Judée accrochés là depuis des temps très anciens, probablement le tertiaire. L'arbre était une relique de la Préhistoire, comme le platane, une sorte d'espèce oubliée, qui aurait dû être fossilisée, un survivant de la naissance du monde.

Comme tel, il était respecté, sinon vénéré. Il faisait peur, comme s'il était le témoin inattendu et mal reçu de la survivance des temps. Que faisait cette relique parmi les humains ?

Les Anciens ne l'aimaient pas, n'attachaient son nom à aucune légende. Il était dédaigné par les dieux. On tolérait qu'il survive, mais on n'en parlait pas. Il ne figurait même pas sur les tablettes des premiers collectionneurs de plantes, puisque ses fleurs et ses feuilles n'avaient aucune propriété thérapeutique. Un arbre oublié, méprisé, presque sans nom. Sans grâce autre que ses fleurs magnifiques, il apparaissait comme une anomalie de la nature, et les Grecs détestaient les monstres. Ils respectaient pourtant l'ancienneté de cet arbre, sans lui attacher une importance particulière, et nul ne songeait à le maltraiter.

Les chrétiens, qui aimaient les esclaves et les martyrs, reconnurent en l'arbre de Judée un témoin de la vie du Christ. Sans lui rendre un culte, ils l'accueillirent dans leurs représentations de la vie dans l'ancienne Judée. Le nom de la plante fut mentionné pour la première fois dans un herbier d'Occident à la fin du XVIe siècle. L'espèce avait dû attendre longtemps sa reconnaissance.

Son nom, presque un pseudonyme, devint alors illustre dans l'Occident chrétien où courut une légende qui touchait les peintres et les poètes : l'arbre de Judée avait des fleurs blanches à ses origines et elles avaient rougi de honte lors de la crucifixion du Christ. Ses pétales méritaient le respect : ils avaient été les témoins privilégiés de la mort du sauveur.

IV.

Fleurs de la métamorphose

Narcisse devient fleur et Orion étoile : par cette métamorphose, on peut supposer que les héros ou les personnages de naissance divine condamnés par l'Olympe sont retirés du monde des hommes mais maintenus dans d'autres règnes, végétal ou minéral, quelquefois animal, comme la vache Io, parce qu'il a plu aux dieux d'opérer cette transformation, qui maintient les êtres dans l'existence du monde, et les voue à l'admiration, à la pitié ou à la reconnaissance des hommes. Comme tels, même métamorphosés, ils peuvent être l'objet d'un culte.

Croit-on que ces légendes sont des contes pour enfants ? Toutes les religions de l'Orient ont connu, à des périodes historiques variées, la métamorphose, le changement de forme. Elles sont à ce point intégrées à l'histoire des mentalités que les Égyptiens conçoivent leurs dieux sous une forme animale : il n'est nullement dégradant pour Anubis d'avoir une tête de chien, pour Horus de faucon, pour Heket de grenouille. Bastet, la déesse de Bubastis, arbore une tête de chatte et Mout celle d'un vautour. On connaît des dieux crocodiles, loups, chacals, scorpions, ânes, lévriers et même porcs sauvages. Rien d'étonnant : les animaux sont sacrés à la haute époque. On les révère comme les dieux qu'ils incarnent.

L'apparence physique n'est pas essentielle dans l'existence humaine : seuls comptent l'intellect, l'âme, le *baï*, un oiseau à tête humaine (c'est la métamorphose inverse) qui symbolise le *ka*, la puissance essentielle. Les dieux pratiquent la pesée des âmes, avant de les recevoir au paradis. La croyance en la vie éternelle est si forte que l'on croit à la réincarnation perpétuelle des corps, qui doivent être conservés dans leur état, grâce au procédé de la momification. Le passage du corps à l'âme, puis de l'âme au corps est donc constant, ainsi que la polymorphie. Les dieux mi-hommes mi-animaux peuvent avoir des attributs dans le règne végétal. Le symbole des rois sacrés de la Haute-Égypte était le lys, et Sekhet, le dieu de la plaine du Nil, ne se défait jamais du lotus qu'il porte au front : dans la personnification et la reconnaissance des dieux, les trois règnes de la création sont mêlés.

En Grèce, les fleurs jouent un rôle beaucoup plus important que les animaux dans la symbolisation des dieux, des héros, des personnages de la mythologie. Aussi bien participent-elles étroitement à l'histoire des mentalités. Certaines fleurs représentent très précisément un personnage, comme Narcisse. Si l'on veut lui rendre hommage, on doit adorer sa fleur. Dans d'autres cas, les fleurs ne sont qu'un moyen d'identification des dieux dans la nature. On sait qu'ils sont intervenus sur telle espèce, en des circonstances particulières que transmet la légende. Enfin, les fleurs sont un moyen de rendre un culte et de répondre à l'attente religieuse des familles : elles sont présentes dans la plupart des pratiques cultuelles de la vie sociale, des noces aux funérailles.

De la sorte, les fleurs de la métamorphose doivent être regardées d'un œil nouveau : elles n'étalent leur beauté au soleil que pour nous rappeler, s'il en est besoin, qu'elles ont vécu l'aventure héroïque du petit peuple grec, grand par son rayonnement spirituel.

Le narcisse

Narcisse était né d'un dieu de son pays, la Béotie ; ce Céphise, dieu des rivières, avait aimé une nymphe de la forêt. Ces amours champêtres promettaient à l'enfant un bonheur calme : la Béotie est une contrée rurale, voire rustique, qui passait pour être peuplée d'analphabètes. Sa capitale, Thèbes, était un gros bourg terrien, où les paysans venaient vendre les produits de l'élevage et des cultures. Le dieu des rivières avait donc une importance réelle dans ce pays dont la fortune dépendait de la météorologie. Les nymphes étaient des divinités champêtres, qui symbolisaient la fécondité du sol. La Béotie regorgeait de nymphes, parce que sa terre était riche.

Les nymphes, qui habitaient souvent dans des cavernes, étaient dangereuses pour les hommes qu'elles frappaient de folie quand ils les prenaient pour des jeunes filles. Il arrivait aussi qu'elles fussent elles-mêmes rendues folles d'amour par des mortels. Quand elles se laissaient aller avec les enfants des dieux, elles étaient promises au malheur. Ainsi la nymphe Écho s'était approchée de Narcisse : loin de répondre à son inclination, il l'avait repoussée avec dédain. Comme elle insistait, il l'avait changée en rocher.

Narcisse avait une idée si flatteuse de sa personne qu'il admirait souvent son visage dans l'eau des fontaines. Si les dieux, chez les Grecs, peuvent être cyniques et dominateurs comme Zeus, menteurs comme Hermès, et les femmes jalouses comme Héra, Narcisse, lui, était seulement vaniteux, à un degré qui faisait rire les grands seigneurs de l'Olympe. Pour qui se prenait ce jeune homme ?

Aucune nymphe ne trouvait grâce à ses yeux. Elles étaient toutes filles de dieux et parfois dotées de parents influents. Mais le sort d'Écho les avait fait réfléchir : Narcisse était dangereux. Il les attirait en même temps, et chacune voulait être celle qui pourrait réduire à merci l'orgueilleux jeune dieu. Elles se dépensaient sans compter pour lui apparaître et pour le charmer. Mais Narcisse restait de glace : il n'aimait que lui-même.

Les Grecs considéraient leurs dieux comme des humains supérieurs, qui ressentaient toutes leurs passions, pensaient, jugeaient et se conduisaient comme des hommes. La société des dieux était aussi querelleuse, vindicative, agitée de passions contradictoires que celle des humains. On ne finissait pas de se raconter leurs histoires, car chaque cité avait ses favoris qu'elle avantageait dans les récits légendaires.

Narcisse, même en Béotie, faisait l'unanimité contre lui. Il avait choqué trop de nymphes émues. Une sorte de syndicat des nymphes s'était constitué, pour protester à l'Olympe. Zeus prit leur requête au sérieux. Il n'avait jamais sous-estimé leur charme, pour y avoir lui-même volontiers succombé, et trouva insolent qu'un jeune dieu les méprisât à ce point. Un tribunal fut constitué et Narcisse fut condamné, sans qu'une voix s'élevât pour le défendre. Son père Céphise était trop provincial sur l'Olympe pour se faire entendre.

Sur l'Hélicon, montagne de Béotie où les muses avaient leur résidence d'été, Narcisse avait découvert une source si pure qu'elle rendait parfaitement son image. Il s'admirait en silence, quand il se sentit poussé par une force incoercible. Il tomba dans le fond glacé de la source et s'y noya. Il ne resta rien de lui. Les nymphes recueillirent pourtant là une fleur couronnée d'or, le narcisse, qu'elles adorèrent aussitôt : Narcisse n'était pas mort, puisqu'il s'était métamorphosé en fleur.

Le laurier d'Apollon

Le laurier d'Apollon est une femme ! Les légendes grecques ont de ces paradoxes ! Le laurier est pourtant la plante mâle par excellence, celle qui couronne les vainqueurs des Olympiques et les stratèges au retour des victoires. Mais ce *Laurus nobilis*, cette plante noble, majestueuse, que l'on tresse pour honorer les plus illustres têtes, n'est autre que la métamorphose de la charmante Daphné.

Elle était la fille de Ladon, ou Pénée, de Thessalie. Encore un dieu provincial, d'une région montagneuse de la Grèce du nord, entre l'Olympe et le mont Pinde. Région agricole, où l'on cultive le blé en élevant les chevaux, qui sont blonds et fougueux comme Apollon.

Apollon, précisément, était amoureux de cette nymphe émouvante. Il voulut l'enlever. Ici les versions divergent, mais aboutissent à la même conclusion.

Daphné courut chez sa mère Gaïa, une mortelle aimée du dieu fleuve. D'autres prétendent qu'elle alla se réfugier chez son père Pénée, pour lui demander protection. Mais Pénée n'avait pas le pouvoir de résister à Apollon, dieu lumineux de l'Olympe, adoré aussi bien à Delphes qu'à Délos, dieu riche aux sanctuaires remplis d'or, dieu adoré des Grecs. Il prit la décision, pour sauver l'honneur de sa fille, de la métamorphoser en laurier. À moins que cette métamorphose ne soit l'œuvre de son épouse Gaïa.

En Laconie, au sud-est du Péloponnèse, où l'histoire de Daphné était transformée aussi en légende, on la racontait autrement : le roi d'Élide Leucippe, un homme de cheval et de conquêtes brutales, avait vu courir la jeune nymphe dans la forêt. Elle suivait les chasses d'Artémis, la déesse vierge. Elle était d'une beauté farouche. Les avances de Leucippe la laissèrent de marbre.

Les Grecs, fussent-ils laconiens, ne sont jamais à court d'idées : le roi Leucippe, bien fait de sa personne, résolut de se déguiser en femme pour approcher de la nymphe. Les compagnes de Daphné pouffaient de rire en désignant les longs pieds de la pseudochasseresse, ses mains de boucher, son menton garni de poil. Le roi ne put longtemps donner le change. Les nymphes, pour le démasquer, proposèrent malicieusement un bain dans le fleuve. Elles se mirent nues et dansèrent autour de Leucippe qui ne pouvait se dévêtir. Daphné et ses suivantes tournèrent autour de lui jusqu'à ce qu'il perde la raison, puis lui décochèrent une flèche au cœur.

Apollon apprit l'histoire. Il conçut aussitôt le projet d'enlever la nymphe farouche qui ne résisterait assurément pas à ses charmes. N'était-il pas le plus beau des dieux ? Il suivit le cortège de sa sœur Artémis, repéra la nymphe, mais ses yeux se brouillèrent : au détour d'un bosquet de lauriers-roses, elle avait disparu.

Artémis, en voyant approcher son frère, avait aussitôt demandé les secours de Zeus, son père. Il avait changé Daphné en laurier. Telle est la version laconienne.

On consacra le laurier à Apollon, il entra dans Delphes,

vainqueur du serpent Python, une couronne de lauriers sur la tête. Se doutait-il que dans la fleur de ce laurier battait le cœur de la nymphe malheureuse, dont il avait abrégé la vie terrestre par son caprice ? Il n'importe : la plus belle des chasseresses régnera pour l'éternel dans l'esprit des vainqueurs d'Olympie.

Les roses tamariniers

Le délicat tamarinier, qui fleurit au printemps, pousse sur les rives des cours d'eau de l'île de Chypre. Ses fleurs étaient si nombreuses et si douces de couleur, imprégnées d'une telle lumière, qu'on le disait consacré à Aphrodite, déesse de la beauté et de l'amour. De fait, les fleurs du tamarinier étaient présentes dans toutes les cérémonies cultuelles consacrées à la déesse.

Pourtant son nom grec, *myriki*, indique qu'il avait un rapport avec le roi de l'île de Chypre, qui s'appelait Kinyros. Sa fille était nommée Myriki. Son frère était, selon certaines légendes, Adonis lui-même, l'enfant chéri d'Aphrodite.

Kinyros, comme tous les Chypriotes, était conscient d'appartenir à une civilisation plusieurs fois millénaires, contemporaine de celle d'Égypte, bien antérieure à celle des Hellènes. Il considérait les Grecs comme des nouveaux venus et n'avait aucune intention de laisser les dieux des Grecs voler ses enfants – ils lui avaient déjà pris Adonis – et anéantir sa famille. Il protégeait donc jalousement sa chère Myriki.

Mais les dieux avaient entendu parler de la beauté de Myriki. Elle était mortelle, et non pas nymphe, mais son histoire ressemble fort à celle de Daphné. On ne sait quel dieu s'amouracha d'elle. Elle était sans doute flattée de ces hommages, qui venaient du monde inaccessible de l'Olympe. Mais elle était chypriote, et son cœur fier était fermé à toute faiblesse. Elle courut donc dans la forêt pour se dérober aux recherches du dieu.

Son père la fit chercher, avec tous ses cavaliers. On ne la découvrait nulle part. Le dieu coupable était fort courroucé : il n'avait pas réussi à l'enlever.

On peut penser que l'Olympe intervint, peut-être à la demande d'Aphrodite, et la sœur d'Adonis reçut le même sort que lui, elle fut victime d'une métamorphose.

Elle fut changée en fleur de tamaris : elle était traitée en somme comme Daphné, comme une déesse. Le roi Kinyros maudit l'Olympe et ses dieux. Il pleura longtemps la disparition de sa fille sous les roses tamariniers. Que lui importait qu'elle fût éternelle si elle n'était plus à ses côtés ?

Myriki, comme Daphné et Narcisse, est le symbole de la jeunesse périssable, qui n'a pas accompli la course complète d'une vie par la volonté des dieux.

L'Olympe se devait de sanctifier ceux qu'il condamnait ainsi. Il les changeait en fleurs. Éternellement les Grecs devaient les adorer comme des symboles de la beauté, et leur rendre hommage. Ils devenaient objets de culte, et les fleurs participaient elles-mêmes aux cérémonies religieuses : ainsi la fleur de Myriki était-elle offerte rituellement à Aphrodite, qui pleurait encore la mort de son frère Adonis. Quoi de plus périssable que la beauté ? Transformée en fleur, elle devient éternelle.

Les malheurs du myrte

Les poètes français, de Ronsard à Baudelaire, ont célébré les fleurs, mais de préférence celles de l'Antiquité grecque, parce qu'elles avaient des noms poétiques : chez Baudelaire tamariniers rime avec mariniers et Ronsard évoque, avec la mort, le myrte à sa manière. « Par les ombres myrteux je prendrai mon repos. » Le myrte serait-il consacré aux ombres de l'enfer ?

Il ornait le temple d'Héphaïstos à Athènes et s'épanouissait au soleil. Ses élégantes fleurs blanches, à six pétales, au pistil en étoile filante rendaient hommage au dieu jaloux du monde souterrain, mais aussi à son épouse infidèle Aphrodite, qui n'avait d'yeux que pour Arès, le dieu de la guerre.

Le myrte, qui peuple le maquis corse, est un arbuste d'une résistance considérable. À cent ans, son tronc peut dépasser un mètre. Ses fleurs forment des bosquets irradiants, entourées de feuilles éternellement vertes, qui symbolisent non pas la mort, mais la jeunesse et la robustesse. Il est particulièrement injuste d'en faire une fleur des enfers. Aphrodite aimait qu'on en pare les mariées, sous forme de couronnes, le jour des noces. Elle appréciait le parfum de cette fleur qui avait caché sa nudité quand elle était sortie de l'onde à Paphos. « Mes bouquins refermés sur le nom de Paphos », chantait Mallarmé. Quoi de plus émouvant, en effet, que ce point du monde où la beauté est apparue, au soleil éclatant d'Apollon ?

L'assimilation de la fleur blanche à la déesse était si bien reçue qu'elle a donné naissance à un drame : Phèdre, l'épouse du héros Thésée, aimait son beau-fils Hippolyte. Le jeune homme la repoussait de son mieux, tentait de résister à sa passion déchaînée. Rendue folle par ses refus, elle se plaignit ignoblement à Thésée des avances d'Hippolyte. Celui-ci fut assassiné par Poséidon, le dieu de la mer, à la demande de son père.

Phèdre avait imploré en vain Aphrodite, la déesse de l'amour, pour qu'elle rendît Hippolyte amoureux. La déesse avait sans doute considéré qu'il valait mieux enflammer le jeune homme pour une fille de son âge et non pour une reine trop mûre, déchirée par l'angoisse de l'âge. Phèdre rendit Aphrodite responsable de son tragique échec.

La reine se mourait d'amour sous un myrte ombreux de Trézène. Mais elle ne voulait pas disparaître sans se venger d'Aphrodite, qu'elle considérait comme sa vraie rivale. Elle était éternellement jeune, et son corps de nacre défiait le temps. Elle n'avait pas à subir le long et impitoyable cheminement de la vieillesse sur son visage, elle n'aurait jamais de rides, ni de cheveux blancs. C'est Aphrodite qu'il fallait punir.

Son arbre symbolique était tout désigné pour cela : elle pouvait effeuiller les pétales des myrtes. Vengeance sans effet : d'autres fleurs fleuriraient. Phèdre voulait une exécution lente de l'arbuste sacré, qui touchât la déesse dans sa chair. Elle prit une épingle dans sa lourde chevelure et piqua la feuille du myrte de mille trous. Une huile odorante en sortit, mais Phèdre était trop désespérée pour en sentir le parfum. C'est le sang de la déesse qu'elle fit lentement couler, avant de se pendre aux branches basses du vieil arbre. Ainsi mourut Phèdre, sous les fleurs de myrte d'Aphrodite.

La fleur d'Ajax

Ajax est un héros de la guerre de Troie, le plus illustre, le plus courageux après Achille. Il mourut dans un champ, la tête tournée vers le ciel. Aussitôt des milliers de fleurs surgirent. On les appelle en France les pieds-d'alouettes. Les Grecs disaient : *Consolida Ajacis*.

En réalité, deux Ajax se partageaient les lauriers d'Apollon, pendant la guerre de Troie, les deux Ajax de *La Belle Hélène* d'Offenbach, qui n'avaient pas, comme dit la chanson, un « double thorax » : ces faux jumeaux héroïques n'avaient rien à voir l'un avec l'autre.

Le premier était le fils d'Oïlée, roi des Locriens, qui habitaient une région très montagneuse de Grèce continentale, autour du gros bourg rural de Locres. Cet Ajax était de loin le meilleur lanceur de javelots, le champion toutes catégories à la course à pied. Il viola Cassandre, la célèbre prophétesse, dans le temple d'Athéna à Troie, quand la ville fut prise par les Grecs. Violence significative : Cassandre ne pourrait plus prophétiser la victoire des Troyens, ni désinformer la Grèce d'Asie. Ajax, en violant une prêtresse d'Athéna, avait gravement mécontenté l'Olympe, et Poséidon frappa de son trident le rocher où il s'était réfugié après une tempête, à son retour de Troie. Il mourut englouti dans les eaux. Les dieux ne lui avaient pas accordé la grâce d'une métamorphose.

Ils préféraient l'autre Ajax, le fils de Télamon, roi de Salamine, qui avait apporté aux Grecs douze trières équipées pendant la guerre de Troie. Le plus impressionnant des guerriers troyens, Hector, devait être affronté en combat singulier. Tous les rois de Grèce voulaient avoir l'honneur de le combattre. On décida de tirer au sort : Ajax, fils de Télamon, fut choisi.

Le combat dura un jour entier. Il fut inexpiable. Quand Hector fut enfin vaincu, grâce à l'aide que les dieux avaient apportée à Ajax, celui-ci était épuisé. Il fut sacré héros, reconnu comme tel, encensé par les aèdes qui allaient répandre sa légende dans tous les bourgs hellènes.

Achille mourut à son tour et ses armes furent convoitées par les rois. Ulysse estimait qu'elles lui revenaient de droit. Ajax prétendait en disposer : ils en discutèrent en assemblée. Ulysse l'emporta par son éloquence. De désespoir, Ajax, fils de Télamon, se donna la mort.

Cette première version de la légende du héros se répandit en Grèce, et les poètes ajoutèrent des détails supplémentaires sur la mort d'Ajax. Achille avait affronté, sous les murs de Troie, Pâris, le Troyen qui avait enlevé Hélène, l'épouse de Ménélas, et qui était à l'origine de la guerre. Après sa mort, Ajax et Ulysse s'étaient disputé ses armes, devant la porte Scée. Alors qu'Ajax était sur le point d'avoir gain de cause, la déesse Athéna était intervenue en faveur d'Ulysse, son préféré, son favori.

Ajax en fut si indigné qu'il fut pris de folie. Il décida d'échapper aux dieux par le seul moyen qui restait aux hommes : le suicide. Il s'estimait déshonoré par la sentence d'Athéna, humilié par ses ruses, discrédité par la faveur qu'elle témoignait au roi d'Ithaque. Achille mort, il était le plus valeureux des Grecs. Les dieux rougiraient de son sang.

Son suicide fut spectaculaire, il s'enfonça lui-même son épée dans le cœur. Une fleur jaillit aussitôt de son sang. Sur ses pétales, on pouvait lire les lettres AI qui exprimaient sa douleur. Elles étaient en même temps les premières lettres de son nom : la tradition considéra donc la fleur d'Ajax comme une métamorphose accordée par les dieux au plus vaillant héros de la guerre de Troie.

L'arbousier sacré de Géryon

L'arbousier a des fleurs en grelots, d'un blanc rosé éclatant, disposées par grappes sous ses branches vertes hiver comme été. Ses fruits ont le goût des fraises et ravissent les marins égarés sur des îles désertes, après les tempêtes. On l'appelle l'arbre aux fraises.

C'est une des espèces les plus vulgaires, les plus courantes de la garrigue. Comment se peut-il qu'il ait attiré l'attention des dieux grecs ? On assurait qu'Hermès avait grandi à l'ombre d'un arbousier géant, qu'il avait été bercé sous les fraises rouges de l'arbre, et qu'enfant il décorait les lobes de ses oreilles des petits grelots blancs. C'était à Tanagra, en Béotie, le pays des exquises statuettes de terre cuite. Le messager des dieux, un des enfants chéris de l'Olympe, aimait les arbousiers.

En Béotie, pays de terroirs riches, on adorait Gaïa, la déesse de la Terre, que les Anciens appelait Gê Terra. Elle était, pour ainsi dire, la matrice du monde, née des amours de Nyx et d'Éros, le désir au souffle puissant. Ouranos était-il jaloux de la Terre engendrée par Gaïa ? Il souffla sur l'argile, en tira une collection de monstres terrifiants, tous fils de Gaïa, les Titans, les Cyclopes. Il fallait l'empêcher de nuire : Gaïa tendit à son fils Cronos, qui comptait le temps, des cisailles en or, pour mutiler l'insensé. À peine Ouranos fut-il neutralisé qu'un autre danger menaça le monde : Cronos voulait dévorer l'enfant-dieu Zeus. Gaïa dut le protéger.

Parmi les descendants des monstres qu'elle avait eus d'Ouranos figurait Géryon, un géant à trois têtes et à trois troncs, hideux, menaçant, mais tendre et attentionné pour la déesse Terre. Il vivait en paix dans son île d'Érythie, près de Gadès, proche du détroit de Gibraltar : à l'extrême occident du monde grec. Ses parents proches l'avaient abandonné, ne voulant pas qu'un monstre demeure au palais, car son père Chrysaor était roi en Hespérie : ainsi les Grecs appelaient-ils l'Italie.

Le monstre à trois têtes était chéri de Gaïa qui préférait, parmi tous les hommes qui descendaient d'elle, les plus déshérités, les plus malheureux. La bonne déesse le surveillait de près, elle le voyait garder ses troupeaux de bœufs, avec son berger Eurytion et son chien monstrueux, qui faisait peur aux vaches car il avait aussi deux têtes.

Hercule devait rapporter au roi Eurysthée, de Tirynthe, le corps du monstre Géryon. C'était le dixième de ses douze travaux. Il réussit à surprendre le monstre, tua son chien et son berger, et s'empara de ses bœufs.

Gaïa en eut le cœur triste. Elle aimait autant les monstres que les hommes et Géryon n'était pas dangereux. Elle résolut de braver les dieux, qui avaient ordonné sa mort, par une métamorphose spectaculaire. Ceux qui voulaient voir le corps du monstre mort furent déçus. Il avait disparu du champ où il faisait paître son troupeau. On retrouva le chien, le berger, mais pas le maître.

Un épais buisson d'arbousier aux fleurs éclatantes de blancheur avait soudainement poussé au milieu du pâturage. Le monstre à trois corps Géryon était devenu arbousier. Ceux qui voulaient se concilier les bonnes grâces de la déesse Terre lui rendirent désormais l'hommage dû aux dieux.

La fleur jaune du cornouiller

La métamorphose frise la magie. Si les dieux peuvent faire une fleur de Narcisse, et du monstre Géryon un arbousier, certains humains peuvent avoir recours à la magie pour obtenir les mêmes résultats. Les fées du Moyen Âge n'avaient-elles pas le pouvoir de changer les hommes en bêtes d'un coup de baguette magique ? Les Anciens n'ignoraient pas les magiciennes. Ils mettaient en garde contre leurs sortilèges. Ceux-ci n'étaient que la vulgaire parodie, à portée d'hommes et de femmes jouissant de pouvoirs exceptionnels, de la métamorphose divine. Pas de culte en ce cas : une simple légende, véhiculée de village en village. L'une d'elles concerne la fleur jaune du cornouiller, un arbre fort courant en Grèce au temps d'Homère.

Le cornouiller était alors un arbre aussi répandu que le

chêne, et son bois était des plus résistants : on en faisait des lances, des javelots, des bâtons pour la marche. Le prophète Tirésias ne se déplaçait jamais sans son bâton de cornouiller parce qu'il avait été frappé de cécité : il avait osé surprendre la déesse Athéna nue dans l'eau d'une source du mont Hélicon. Un mortel ne devait pas voir ce qu'Athéna cachait aux dieux eux-mêmes. Elle lui avait pris ses yeux : férocité d'Athéna.

Elle aimait Ulysse, le roi d'Ithaque, qui devait rentrer chez lui en franchissant mille obstacles que raconte le poème d'Homère, l'*Odyssée.* Elle le suivait à chaque étape de son voyage, lui suggérant les moyens d'échapper au chant des sirènes, d'affronter les cyclopes. Mais elle ne trouvait pas toujours immédiatement la parade aux obstacles insensés qui surgissaient devant le héros et ses compagnons.

Circé était une diablesse qui avait trouvé un moyen économique de pratiquer l'élevage : elle transformait les hommes en animaux domestiques. Ses charmes firent facilement la conquête d'Ulysse, un héros à bonnes fortunes. Il se détendait sur sa couche, quand la magicienne donna des ordres pour que fût servi aux compagnons du héros un repas très spécial, à base de fruits de cornouiller mâle.

Ils furent aussitôt changés en cochons, et partirent paître dans l'île, en troupeau. Il était en effet courant que les pâtres grecs laissent leurs animaux errer sous les cornouillers, dont les fruits étaient très nourrissants.

Ulysse lui-même, à son réveil, goûta l'un de ces fruits dans le jardin du palais, il subit la métamorphose et rejoignit ses compagnons dans le pré. L'histoire est très morale : un homme qui oublie sa patrie, sa famille, ses enfants, son épouse, perd toute dignité et le moindre charme d'une magicienne peut le changer en cochon.

Il est remarquable que le cornouiller soit l'instrument de

la fable. Les dieux n'y sont pour rien. Ils n'ont jamais changé personne en fleur de cornouiller. Mais la légende de Circé a fait le tour du monde : on a donné son nom à de petites fleurs blanches, les circées, vivaces et volontiers rosées, que l'on trouve dans les profondeurs des forêts. Personne n'ose les cueillir, encore moins goûter à leur sève. Elles gardent la réputation de Circé l'enchanteresse. Il faut être sorcière pour leur trouver du charme, et ne pas craindre, dans la forêt médiévale, les sortilèges de Satan.

Les malheurs de Hyacinthe

Il était doux et beau comme une fille, le jeune Huakinthos, en français Hyacinthe. Il a donné son nom à la fleur de jacinthe. C'est trop peu dire : il a été changé lui-même en fleur.

Il vivait à Amyclée, ville du Péloponnèse située sur la rive droite de l'Eurotas. On y construisit son tombeau, après sa mort, et les Lacédémoniens lui rendirent un culte. Ils lui élevèrent un temple fameux, autour d'une antique idole d'Apollon.

Le dieu était tombé amoureux du jeune homme, qui était d'une surprenante beauté, et d'une grâce irrésistible. Le poète et musicien Thamis, un Thrace qui se produisait dans toutes les villes de Grèce, chantait ses mérites. Inventeur de la quatrième corde de la cithare, musicien inspiré des dieux, il avait perdu la vue pour avoir défié les Muses et détesté ces déesses cruelles. Il avait inventé la pédérastie, l'amour des jeunes éphèbes, non pour se venger, mais pour croire encore à l'amour.

Sans doute avait-il convaincu Apollon lui-même, puisque le dieu avait choisi Hyacinthe pour amant. Nul autre ne pouvait égaler ses charmes. Il avait toutes les qualités : l'élégance, la finesse des traits, la sveltesse et le courage aux armes. Il savait jouer de la lyre et courir le pentathlon. Il dansait, couronné de pampres, et chantait à ravir, des hymnes qu'il avait lui-même composés.

Le dieu solaire adoré dans le sanctuaire de Delphes ne pouvait être insensible à de tels dons. Il revoyait Hyacinthe chaque été, à son retour du grand nord, au pays du ciel toujours pur, dont il ne revenait qu'au printemps, après avoir tué force loups : aussi était-il adoré des bergers qui s'en remettaient à lui de la sauvegarde de leurs troupeaux.

Apollon aimait les arts, la musique et la danse. Non pas les contorsions bachiques de Dionysos, mais les gestes gracieux, les pas mesurés, les rythmes savants, les paroles qui glissaient comme le miel de l'Hymette des lèvres pâles de Hyacinthe. Jouant lui-même de la lyre, il n'était pas sourd aux sons de la cithare des hommes et jouissait du spectacle des jeunes gens nus dansant, avec Hyacinthe, autour de sa statue. Il trouvait dans le jeune homme une beauté comparable à la sienne. Il le jugeait digne d'être divinisé.

Héra, la mère jalouse de l'Olympe, avait-elle froncé le sourcil au spectacle de ces amours inhabituelles ? Inspira-t-elle le geste d'Apollon, enfant très irrégulier né des amours de Zeus et de Léto, qui avait accouché dans l'île de Délos sous la protection de Poséidon, pour échapper à la vengeance de la matrone olympienne ?

Apollon lançait le disque, en compagnie de Hyacinthe. Il

aimait se livrer à ces exercices de force et d'adresse, et suivait de près les jeux du stade, n'aimant rien tant que d'y voir évoluer les éphèbes nus. Il lança le premier, de ce puissant et gracieux mouvement du discobole, avant Hyacinthe qui se trouvait au fond du stade. Le malheureux reçut le disque de plein fouet et mourut aussitôt.

Apollon pleura longtemps son jeune amant. Il exigea qu'on lui rendît un culte : du sang de sa blessure, une fleur avait surgi. Elle portait des marques de tristesse sur ses sépales. On lui donna le nom de jacinthe.

L'aunée d'Hélène

L'aunée est une belle fleur jaune, éclatée comme un tournesol. Elle pousse dans le voisinage des aunes, près des rivières, dans les marécages. Elle aime l'eau et le soleil. Elle fleurit en plein été, quand le soleil est à son zénith. Certaines variétés poussent dans les prés humides des vallons ou des plaines, d'autres s'accrochent aux rochers de la mer Méditerranée. Cette fleur solaire, providence des creux humides, a reçu le nom d'Hélène de Troyes : *inula* vient en effet d'*élenion*.

Cette assimilation est seulement due au fait que la fleur a poussé spontanément, arrosée par les larmes d'Hélène. Pourquoi ce miracle, alors qu'Hélène, épouse du roi grec Ménélas, n'était qu'une simple mortelle ?

Elle était en fait née d'un œuf, ce qui n'est pas, il faut en convenir, courant chez les humains. Sa naissance s'était accompagnée de circonstances mystérieuses : on retrouve ici, dans l'origine de la plus belle femme du monde hellène, la confusion des formes entre l'animal et l'humain.

L'œuf fut pondu par Léda, l'épouse du roi Tyndare de Sparte, dont Zeus était amoureux au point de s'être changé en cygne pour lui plaire. Elle avait conçu déjà dans un œuf les jumeaux Castor et Pollux, puis vinrent deux filles, Hélène et Clytemnestre. Cette dernière devait épouser Agamemnon, « le roi-barbu-qui-s'avance » d'Offenbach. Hélène fut choisie par Ménélas, le successeur de Tyndare sur le trône de Sparte. Ce chef de bande pirate parcourait la Méditerranée et pillait en particulier la ville de Thèbes en Égypte, dont il rapportait chez lui les trésors.

Pâris, un jeune et séduisant Troyen, enleva Hélène, la femme de Ménélas. Celui-ci réunit aussitôt dans son camp tous les Achéens (les ancêtres des Grecs) pour assiéger la ville de Troie et exiger la restitution de son épouse, avec de très fortes indemnités.

Hélène avait une telle réputation de beauté qu'elle avait été déjà enlevée par un héros grec, Thésée, bien avant la guerre de Troie. Elle était captive en Attique, quand ses frères Castor et Pollux étaient intervenus avec leurs guerriers. Ils l'avaient délivrée et ramenée à Sparte, dans sa patrie. C'est alors que Ménélas l'avait épousée. Elle l'avait choisi parmi tous les prétendants qui affluaient de la Grèce entière. Il était l'heureux élu et vivait « en paix dans son village », comme il est dit dans Offenbach, quand le beau Pâris, fils de Priam, roi de Troie, s'était présenté à Sparte.

Ménélas était en voyage. Pâris en avait profité pour enlever Hélène, largement consentante. Jadis Tyndare, le père d'Hélène, avait fait jurer aux prétendants d'unir leurs forces pour combattre celui qui oserait disputer Hélène à l'époux qu'elle s'était choisi. Ménélas, le roi pirate, bien connu des

Troyens, à qui ses navires enlevaient régulièrement esclaves et troupeaux sur les rivages de la mer Ionienne, obtint sans difficulté des rois de Grèce qu'ils s'engagent pour lui dans la guerre de Troie.

La prise de la ville par les Grecs permit à Ménélas de retrouver Hélène et de l'entraîner avec lui en Égypte, à la poursuite de nouveaux butins. Il ne voulait plus laisser une telle beauté seule au village, craignant de nouveaux rapts. Il avait engagé comme pilote un célèbre marin, Canopos, qui connaissait parfaitement les vents de la mer Égée. La barque avait touché sans difficulté le sol d'Égypte et son pilote s'engageait avec Ménélas et Hélène dans la vallée du Nil, quand il fut mordu par un serpent et mourut.

Hélène aimait Canopos, qui avait la grâce, la souplesse, le charme des marins grecs. Elle pleura sa mort avec tant de désespoir qu'une fleur jaillit de ses larmes, l'aunée : encore une métamorphose sans doute due à Zeus.

Io et la nivéole

La nivéole aime les champs inondés et ne dédaigne pas les marais. Une fleur rustique, bulbeuse, que l'on a longtemps confondue avec le perce-neige, en raison de la précocité de sa floraison en montagne. On la trouve aujourd'hui dans les alpages ou dans les prés bien arrosés de Provence, le long des rivières. Ses fleurs sont roses et blanches, elles annoncent timidement le printemps.

Elle n'est pas vénéneuse comme la colchique, qui fleurit à l'automne, et les vaches peuvent sans inconvénient s'en repaître. Elle est même leur fleur favorite, comme si elles se souvenaient que, dans la Grèce antique, la nivéole avait été créée par les dieux pour nourrir une vache très particulière, à vrai dire une jeune génisse appelée Io.

Io avait été d'abord une jeune fille, parée de toutes les grâces. Fille de dieu (son père était Inachos, le dieu fleuve d'Argolide, dans le Péloponnèse), elle se levait de grand matin pour jouer ponctuellement son rôle de prêtresse d'Héra, l'épouse de Zeus, la maîtresse femme de l'Olympe. Héra faisait confiance à cette toute jeune fille, de mise modeste, qui ne levait jamais les yeux et se gardait de porter des couronnes de fleurs ou des vêtements indécents : ses charmes étaient recouverts par le péplum rigide des filles doriennes, qui les dérobait aux regards indiscrets. Loin d'elle les fines tuniques d'Ionie, qui ne cachaient rien des formes. Une prêtresse modèle.

Zeus l'avait remarquée cependant. Il aimait ses cheveux blonds, son air sage, sa démarche souple et mesurée. Il l'avait enlevée sans vergogne, aimée une nuit entière dans une folle passion. Héra, à coup sûr, la tuerait si elle découvrait l'adultère. Au mieux, Zeus pourrait la changer en fleur pour en perpétuer le souvenir.

Il décida de prendre les devants et de la métamorphoser en génisse. Les amours zoophiles ne le décourageaient pas : ne s'était-il pas lui-même changé en cygne pour butiner la belle Léda, l'épouse du roi de Sparte ? Elle lui avait donné deux jumeaux, Castor et Pollux, dont la beauté faisait l'admiration des Grecs. Aucun inconvénient pour le dieu à aimer une génisse : tous les êtres vivants de la création n'étaient-ils pas ses créatures ?

Héra découvrit la métamorphose. Furieuse, elle fit poursuivre et parquer dans un enclos la jeune génisse, sous la garde d'Argos, le prince aux cent yeux, par moitié toujours ouverts, un modèle de vigilance.

Mais Zeus envoya Hermès, qui jouait admirablement de la flûte. Il réussit ce prodige d'endormir Argos et n'hésita pas à le tuer, provoquant l'heureuse métamorphose d'Héra, qui mit les cent yeux d'Argos sur les plumes d'un paon. Io était libre de dévaler les prés sans obstacles, poursuivie par son divin amant. Elle courut le monde entier, jusqu'à trouver refuge, disait-on, en Égypte, où Zeus lui aurait rendu une forme humaine.

La génisse ne devait pas se nourrir d'une herbe vulgaire, elle avait droit à des égards. Gaïa, la mère de la Terre, voulait être agréable à Zeus. Quand Io la fugitive courait le monde sans trouver de pâturages, elle fit jaillir sous ses sabots une plante sacrée, reconnaissable à ses pétales blancs, la nivéole. Les troupeaux des alpages ignorent sans doute, quand sortent sous leurs sabots les fleurs du printemps, que dans des temps très anciens la fougueuse Io est passée par là.

V.

Fleurs de culte

Après les fleurs du miracle, les fleurs de la métamorphose exprimaient le désir des dieux d'intervenir dans la vie des hommes, en atténuant par un prodige les drames de l'existence. La vie des héros morts trop jeunes était préservée, conservée, prolongée dans celle d'une fleur dont la renaissance continuelle fournissait une sorte de substitut d'éternité, comme si les dieux regrettaient de faire mourir, ou de consentir à la mort de tant de jeunes hommes excellents : l'erreur fatale d'Apollon, qui avait tué par erreur ou par maladresse l'élégant Hyacinthe illustre ce propos : les dieux grecs voulaient sauver la jeunesse du monde.

Les éphèbes et les korês passent et trépassent, les fleurs renaissent de leurs bourgeonnements de désir. L'amour – Éros – est la source humide du monde. Il a engendré Gaïa, la déesse Terre, matrice de tous les hommes. Le vent et l'eau : la vie est mouvement continuel, force du désir qui sème les fleurs, ensemence la terre, produit la succession des temps. Le bois exprime la vie, il en est la première manifestation. L'homme est-il né d'un rameau bourgeonnant ? Est-il fleur, fruit, ramure ? L'assimilation de la sève au sang dans une des métamorphoses le donne à penser. La métamorphose des hommes en fleurs n'est pas seulement symbolique, puisqu'ils sont de la même nature et participent à l'existence, qui est mouvement, pulsion, désir.

Cette cosmogonie éparse dans les récits des légendes divines est au cœur des mentalités grecques, et compose un univers mental balisé d'étapes qui anticipent sur les stations du chemin de croix des chrétiens. Chacun de ces dieux, même infimes, de ces petites nymphes divines, de ces amants chéris d'Apollon vit une passion individuelle, temporalisée, à laquelle on assigne un lieu et un temps. L'incarnation du désir divin dans les figures humaines souligne l'anthropomorphisme d'une religion pour qui l'homme reste la mesure de toutes choses. Mais cette représentation de l'humain le fait éclater en fleur, chêne, platane, aigle, génisse, sans que cela nuise en rien à l'appréhension de la nature comme un ensemble sacré, pénétré par l'éternel à chaque instant et en tout lieu.

Il manquait aux fleurs de la métamorphose une sorte de permanence temporelle, une installation fixe dans les villages des croyants, un prolongement cultuel qui garantît l'implantation d'une tradition religieuse : les fleurs du culte impliquent un culte des fleurs. Sans les héros morts transformés en anémones ou en narcisses, pas de sacralisation des boutures, pas de respect des plants, pas d'entretien religieux des parterres d'asphodèles sur le chemin des enfers. Les fleurs de culte ne relèvent pas, comme celles de la métamorphose, d'un événement temporel présenté par la légende comme historique, elles entrent dans l'histoire quotidienne des gens par la personnalisation du culte, puisque les Grecs ont la chance de disposer d'une infinité de dieux, que les fleurs les individualisent, et permettent de leur rendre le culte qu'ils attendent, en leur sacrifiant rituellement la fleur qui les symbolise, les représente en quelque sorte, même si sa sève n'est pas le prolongement de leur sang ! Qui a jamais vu couler le sang des dieux ? S'ils sont de chair, en certaines occasions, sont-ils aussi de sang ? La légende apporte, sur ce point, quelques éléments de réponse à l'Histoire.

Les touffes d'asphodèles

Les asphodèles sont les fleurs d'Hadès, le dieu des enfers, celui qui reçoit les morts dans une prairie immense, découverte par Ulysse dans Homère, où poussent les fleurs grises. Sont-elles tristes ? « Un frais parfum sortait des touffes d'asphodèles », chante Victor Hugo.

Les fleurs de l'asphodèle en réalité sont blanches ou jaunes, lumineuses, presque joyeuses. Elles passaient pour nourrir les morts de qualité, les héros recueillis aux champs Élysées, grâce aux tubercules qui poussent sur leurs racines.

Les jaunes sont encore appelées du nom biblique de « bâton de Jacob » ou « verge de Jacob », le patriarche de la Genèse. Ce fils d'Isaac et de Rébecca était le frère d'Ésaü, qui avait choisi de rester chez ses parents, tandis que Jacob prenait son bâton pour suivre la piste de Mésopotamie, rejoignant son oncle Laban qui s'y était installé en permanence dans la communauté juive de Babylone.

L'oncle avait deux filles, Rachel, dont Jacob était amoureux, et Léa, que l'oncle lui avait péremptoirement donnée pour femme à la place de Rachel, sa sœur cadette. Pendant de longues années (quatorze ans), Jacob travailla d'arrache-pied pour obtenir aussi la main de Rachel. Il gagna, grâce à son labeur, assez d'argent pour s'acheter un troupeau. Il rentra alors au pays de Canaan.

Un ange lui en défendit l'accès ; ils luttèrent l'un contre l'autre toute la nuit. À l'aube, il avait changé son nom de Jacob contre celui d'Israël et il rentrait dans sa patrie.

Il ne devait pas y rester longtemps. Il reprit son bâton pour se rendre à Béthel, à la poursuite de ceux qui avaient enlevé sa fille. Puis il résida à Hébron. Mais Joseph l'appela bientôt en Égypte, dans le pays de Gessen, où il installait sa famille entière. Il y mourut très âgé. Son corps fut inhumé à Hébron.

L'assimilation à Jacob de l'asphodèle à fleurs jaunes est un simple souvenir de la lecture de la Bible et n'implique aucune métamorphose. En se rendant chez son oncle Laban, Jacob avait couché à Béthel, dans un lieu désert. En songe, une échelle lui était apparue dressée vers le ciel. Des anges grimpaient dans les nuées, d'autres descendaient vers lui. Jacob se demanda ce que signifiait ce songe. Il se rendit compte que Dieu lui prédisait ainsi une fécondité exceptionnelle ; il aurait autant d'enfants que la terre comptait de grains de poussière.

De fait, il eut douze fils, qui furent la souche des douze tribus d'Israël. Léa, sa première épouse lui donna Rubén, Siméon, Lévi, Juda, Issachar, Zabulon. Zelpha, la seconde, engendra Gad et Aser. Rachel la bien-aimée lui donna Joseph et Benjamin. Sa dernière épouse, Bala, mit au monde Dan et Nephtali. Il avait créé Israël.

Quel rapport entre les touffes d'asphodèle, balancées au vent léger de la Méditerranée, et Jacob qui engendra un peuple ? Une tradition qui l'a sortie des enfers où les Grecs l'avaient reléguée, pour lui rendre le désir frémissant d'une plante de la vie, en l'assimilant au bâton du pèlerin Jacob. L'asphodèle est un exemple de métamorphose du langage des fleurs : elles peuvent signifier l'enfer ou la survie heureuse, selon l'image que les hommes en donnent. L'asphodèle triomphante brille au soleil du pays de Canaan. Un frais parfum sort de leurs touffes, du côté d'Hébron.

L'arc-en-ciel d'Iris

On rendait un culte à la déesse Iris en lui offrant les fleurs qui portaient son nom : celles-ci avaient, en Grèce, les couleurs changeantes, chatoyantes, variées de l'arc-en-ciel que suivait Iris, la messagère des dieux, quand elle accompagnait les âmes des humains vers les champs immenses de l'au-delà.

L'iris germanique est violet, celui de Toscane est blanc. Il est bleu en Sibérie, jaune dans les marais de Gaule. On disait que l'écharpe de la déesse était l'arc-en-ciel, qui n'est pas sans signification cosmique : pour les Grecs, il pompait les eaux terrestres et emplissait les nuées, garnissait d'eau les nuages qui assuraient la végétation. Mais le rôle d'Iris n'était pas seulement de remplir d'eau la baignoire d'Héra ou de lui servir de chambrière. Si elle était bien la messagère des dieux, celle qui annonce les nouvelles, bonnes ou mauvaises, il arrivait aussi qu'elle fût exceptionnellement chargée de certaines exécutions, au moment du passage de la vie à la mort. Son rôle fondamental était cependant d'assurer la continuité de la vie sur la planète en établissant un rapport constant entre les eaux et le ciel.

Sa longue tunique, ses cheveux maintenus par un sage bandeau ne lui donnaient guère l'aspect d'une jeune fille volage ; d'une déesse dorienne plutôt, sévère et disciplinée. Si la jalouse Héra la gardait à son service, c'est qu'elle était calme, rangée, toujours disponible pour les missions impossibles qu'elle accomplissait avec un zèle constant : ne l'avait-on pas chargée d'assurer les derniers moments de Didon, la reine des Troyens, après la prise de Troie, en coupant sur sa tête le cheveu fatal qui la désignait pour le voyage dans le monde des morts ? Virgile, auteur romain de *L'Énéide*, long poème racontant la chute de Troie, assure qu'elle joua admirablement ce rôle.

Elle était la fille de Thaumas et d'Électre, elle-même fille d'Oceanos et de Thétis, fille et petite-fille de dieux. L'habitude était venue en Grèce de décorer les tombes avec ses fleurs, pour assurer aux morts un bon transport vers les champs Élysées. On cueillait les iris par milliers, pour les placer dans des vases qui ornaient les sépultures. La déesse était le seul recours de ceux qui souhaitaient pour leur mort une compagne attentionnée. Elle-même était vierge et n'eut pas de descendance. Il lui était arrivé de sauver des héros, sur l'ordre des dieux. À ce titre, elle se chargeait des âmes libérées des corps.

Cette fonction d'accompagnement aux enfers est étrange, pour une fille de l'océan et du ciel. Mais si les dieux aspirent l'eau des océans pour former les nuages, cette fonction essentielle peut aussi permettre d'aspirer les âmes, qui sont invisibles et subtiles comme l'air : qui peut le plus peut le moins.

Voici donc l'exemple d'une fleur attribuée par la tradition cultuelle à une déesse, qui accompagne son image, et la représente. Il est vrai que la fonction funéraire est réductrice par rapport au personnage d'Iris, capable de remplir les missions les plus hautes, et de se mettre en toutes circonstances au service des dieux. Cette familiarité de l'Olympe la rendait désirable dans les familles, où l'on recherchait en toutes circonstances, et pas seulement à l'occasion des funérailles, le secours des dieux.

Le léontice d'Ariane

Les fleurs en grappes du léontice sont bien connues sur les bords de la Méditerranée. Les femmes des villages en faisaient jadis la cueillette et s'en servaient pour laver les tissus et les draps, ces fleurs étant très riches en saponine. Leurs tiges fibreuses, qui supportent des bouquets de fleurs d'un jaune éclatant, passaient pour avoir servi à la malheureuse Ariane pour confectionner son fil.

La fille de Minos et de Pasiphaé avait pour père un roi de Crète et pour mère une femme malheureuse. Pasiphaé, fille d'Hélios, s'était en effet entichée du taureau crétois (ils sont superbes sur les fresques), ce qui lui donnait mauvais genre. La sœur de Circé l'enchanteresse était, hélas ! victime d'un sort. Elle ne dominait plus son esprit ni son cœur. Poséidon la poursuivait de sa haine, et c'est lui qui lui avait inspiré cet amour étrange pour le taureau blanc.

Dédale, qui lui voulait du bien, avait fabriqué un leurre, une vache en bronze, pour donner le change au taureau. Rien n'y fit, Pasiphaé, engrossée par le taureau blanc, devint la mère du Minotaure, un monstre à corps d'homme et à tête de taureau. La tradition zoophile de la mythologie grecque se poursuivait, avec ce nouveau personnage, sorti presque en droite ligne des croyances égyptiennes : les liens de la Crète et de l'Égypte étaient du reste fort nombreux et très anciens. Les Égyptiens rendaient un culte au bœuf Apis. Les Crétois, grands éleveurs de bovins, adoraient le taureau comme un dieu et lui donnaient des fêtes.

Quand il aperçut le monstre, le roi Minos, père d'Ariane et mari de la malheureuse Pasiphaé, résolut de l'enfermer dans un labyrinthe construit par le fidèle Dédale. Chaque année, sept garçons et sept filles d'Athènes étaient solennellement conduits au Minotaure, pour qu'il s'en repaisse.

Thésée, héros de l'Attique, décida d'en finir avec le taureau furieux. Ariane, qui l'aimait d'amour tendre, lui avait confié ses angoisses : l'étrange enfant de sa mère terrorisait la Grèce. Il fallait en finir. Mais comment le héros pourrait-il attaquer de front un monstre isolé dans un labyrinthe, sans être lui-même victime du lieu ? Comment pourrait-il en sortir, puisque Dédale s'était ingénié, en construisant son palais, à ce qu'il fût impossible au Minotaure de trouver l'issue du labyrinthe ?

Ariane emmena Thésée sur la grève. Elle lui désigna les innombrables fleurs jaunes qui dominaient les talus.

– Des léontices ! lui dit-elle joyeusement.

Elle se mit à tresser quelques tiges, pour en faire un fil continu. Thésée, de son glaive, tranchait les fleurs, qu'elle récoltait dans son voile. Elle tressa un long, très long fil de léontices jaunes, dont elle confia une extrémité à son amant, pour qu'ils pussent en mesurer la longueur.

Il passa le rouleau de fil autour de la taille, avant de s'armer pour affronter le Minotaure. Il déroula le léontice dans le labyrinthe, pour être sûr de retrouver sa propre trace. Quand il eut triomphé du monstre, il rejoignit Ariane, l'enleva, puis l'abandonna dans l'île de Naxos. Elle est, dans la littérature grecque, le type de la femme abandonnée. On dit qu'elle se jeta de désespoir dans la mer, ou que, par dépit, elle accepta les consolations de Dionysos, le dieu de l'ivresse. Jamais plus elle ne put s'approcher d'un bosquet de léontices. Avait-elle songé à se pendre au fil tressé, comme sa sœur, Phèdre ?

Les grenades d'Héra

Les fleurs du grenadier sont d'un rouge vif flamboyant. Nul ne peut, sous le soleil de plomb de l'été grec, résister à ce fruit rafraîchissant : Coré, dit-on, fut séduite par une grenade mûre que lui offrit Hadès.

Les graines du fruit étaient pour les Grecs anciens le symbole de la fécondité. Aussi Héra, l'épouse de Zeus, acceptait-elle les hommages des fleurs et des fruits de grenadier. Un chroniqueur grec, Pausanias, raconte qu'il a vu au sanctuaire d'Argos, dans le Péloponnèse, une magnifique statue de la déesse, toute d'ivoire et d'or. Elle était adorée par les agriculteurs des alentours, qui comptaient obtenir d'elle les plus belles récoltes. Comme symbole de fécondité, elle tenait en main une grenade.

Héra passait aussi, chez les Grecs, pour favoriser la fécondité des femmes. On l'adorait pour les mariages et pour les naissances. Bien que ce culte fût né dans le Péloponnèse, il avait des affinités égyptiennes, puisque la déesse avait jadis épousé sans le moindre scrupule, à la mode des Pharaons, son frère Zeus.

Héra passait dans la légende grecque pour une épouse jalouse, autoritaire, rancunière. Le berger Pâris, un jeune

Troyen, fils de Priam et d'Hécube, condamné à garder les troupeaux parce qu'un oracle malheureux l'écartait de sa cité, avait été ébloui par une apparition céleste : Héra, Aphrodite et Athéna étaient apparues nues devant lui, dans le pré où il gardait ses moutons et lui avaient demandé de « donner la pomme » à la plus belle d'entre elles. Fort embarrassé et conscient du risque qu'il prenait de déplaire à d'aussi influentes divinités, Pâris avait désigné Aphrodite, la mort dans l'âme, pour une seule raison : elle lui promettait l'amour d'Hélène qu'il voulait revoir et enlever à Ménélas. Athéna et Héra, folles de dépit, prirent constamment parti pour les Grecs et contre les Troyens pendant la guerre de Troie.

Héra était donc une déesse à ménager. Très susceptible, elle pouvait perdre ceux qui favorisaient les amours adultères de Zeus. Elle les poursuivait de sa haine à travers le vaste monde. Mais elle pouvait être bénéfique, si le culte qu'elle exigeait des humains était régulièrement rendu. Elle garantissait alors les unions et les paternités, le retour du printemps et la floraison des fleurs, particulièrement de cette fleur de grenade, qui ne la quittait jamais dans le culte péloponnésien.

Chaque année, de grandes fêtes commémoraient sur l'autel des villes grecques son mariage avec Zeus. Elle voulait être partout reconnue comme l'épouse légitime du dieu des dieux. Sa statue était recouverte du péplos blanc des fiancés et portée en procession dans le temple, où le lit nuptial était dressé. Une débauche de fleurs et de fruits accompagnait cette cérémonie, où la grenade tenait la première place.

Les graines nombreuses du fruit, éclaté au soleil, étaient le symbole de la fécondité. La couleur rouge vif de la fleur parlait d'amour et de désir. On comprend qu'Héra la grenadière ait été encensée dans les foyers, même si les Grecs avaient pour leurs épouses la méfiance révérencieuse de Zeus.

La clématite du dieu d'Asie

Dionysos aime le vin, la vigne, le lierre et toutes les fleurs bachiques, mais avec une prédilection pour la clématite : cette liane grimpante aux pétioles contournés en vrille, aux fleurs sans corolle, étale avec profusion l'insolence de ses fleurs blanches, violettes ou bleues, couleur de vin fort.

Elles sont ivres de liberté, les clématites de Dionysos. Le dieu barbu les entraîne dans sa danse insomniaque, aux pieds et aux bras des ménades échevelées, des bacchantes, des thyiades ; dans le cortège célébrant les grandes dionysies où soudain tout est permis.

Vient-il de Thrace, ou de plus loin encore, des villes grecques d'Asie, Milet, Halicarnasse, Éphèse, ce dieu du vin qui est en même temps celui de la végétation ? Une curieuse légende circule dans les récits des poètes : on le disait fils de Zeus et de Sémélé, une jeune divinité née des amours de Cadmos, l'homme qui avait appris aux Grecs à lire et à labourer et d'Harmonia, elle-même fille d'Arès et d'Aphrodite. Dionysos, comme sa mère, avait ainsi du sang humain dans les veines, celui de Cadmos, et n'était pas un dieu à cent pour cent d'ascendance divine.

Sa mère Sémélé avait été foudroyée pour avoir prétendu contempler Zeus dans sa majesté solaire. N'étant pas entièrement de la race des gens de l'Olympe, seuls admis dans sa familiarité, elle n'avait pu le regarder sans dommage. Pourtant, Zeus avait voulu sauver Dionysos. Il avait recueilli l'enfant qui n'était pas à terme dans le ventre de sa mère pour le mettre dans sa cuisse, d'où celui-ci était sorti le jour prévu. Dionysos était donc né deux fois, sa seconde naissance faisait de lui un dieu à part entière, puisqu'il était très simplement issu de la chair du maître incontesté de l'Olympe.

Le dieu aurait alors accompli un voyage extraordinaire jusqu'aux Indes, porté par des triomphes successifs dans les sociétés humaines qu'il réveillait à la vie et à la liberté. Il faisait pousser les vignes et les fleurs, aimait la musique et la fête, non pas à la manière de l'Apollon délien, mesuré et lucide, mais comme un dieu étranger d'Asie, prêt à toutes les folies créatrices. Il inspirait les musiciens et les peintres, qui représentaient ses clématites sous de vives couleurs.

Ce dieu de liberté aimait le lierre, qui s'attache et grimpe sur les colonnes des temples, voire, irrévérencieusement, sur les statues des dieux. Le lierre était tressé en couronnes sur la tête des bacchantes, et ainsi des campanules. Ils symbolisaient, l'un et l'autre, la force indestructible de la végétation, qui s'accrochait à la terre avec la rage de survivre.

La Grèce comptait de nombreuses espèces de clématites : leurs fleurs avaient déjà séduit les Égyptiens. On en trouve de nombreuses représentations sur leurs fresques. Elles envahirent aussi la religion grecque, derrière le char de Dionysos, parce qu'elles avaient l'étrange faculté du lierre de grimper à une allure folle le long des arbres, de s'enrouler où elles pouvaient, en lianes fines et agiles, capables de s'élancer au sommet des platanes et de défier le ciel par leurs volutes. La folie des clématites était digne de celle du dieu Dionysos, folie inspirée de celui qui symbolisait le mystère du monde, qui pousse les hommes aux extrêmes, pour qu'ils aillent jusqu'au bout d'eux-mêmes, dans une équipée sauvage et sans frein, une vraie danse de liberté.

La nymphe et l'immortelle

Le modeste *Hélichrysum* est une herbacée vulgaire, très vivace, qui pousse au bord des routes, ou borde les allées de jardins. Sa fleur, d'un jaune doré, est présentée en bouquet de feu d'artifice au bout d'une haute tige qui permet de la tresser en couronnes et de l'offrir aux cérémonies. Elle porte le nom d'une nymphe, Hêlikê, qui fut la nourrice de Zeus : aussi l'appelait-on familièrement l'immortelle.

Il n'était certainement pas désagréable pour un dieu d'avoir pour nourrice une nymphe émue. Elles étaient traditionnellement les nourrices des dieux enfants. Car, à ce détail près qu'ils étaient immortels, les hôtes de l'Olympe étaient soumis à la temporalité des hommes. Ils n'étaient pas, comme le dieu biblique, éternels ; ils naissaient de parents connus et grandissaient à l'ombre de l'Olympe.

Il était donc logique que ces dieux enfants eussent leurs nourrices attitrées, qui les recueillaient dans les fraîches cavernes où elles habitaient le plus souvent. Elles disposaient de l'eau pure des sources et se retiraient à l'occasion dans les forêts, pour élever dans le calme et la discrétion leurs bébés divins. On sait en effet que les dieux, à l'image des hommes, se querellaient souvent et que les femmes jalouses pouvaient prendre ombrage des maternités clandestines des amantes de leurs divins époux. Les nymphes étaient des complices, qui cachaient les enfants et les protégeaient. Elles étaient ensuite aimées et chouchoutées par les dieux devenus adultes qui, par reconnaissance, multipliaient les hommages et les présents.

Les nymphes, elles-mêmes immortelles, symbolisaient la fécondité de la nature : quelle fleur était plus propre à flatter Hêlikê que cette fleur rustique de la couleur du soleil, que l'on utilisait volontiers pour couronner les statues de dieux et de héros ?

Hêlikê, bien qu'elle eût sauvé et nourri Zeus, devait connaître cependant un sort malheureux. Cronos, le père de Zeus, était devenu jaloux de son fils le plus doué. Il était, à l'origine des temps, le maître du monde et régnait souverain dans l'Olympe, puisqu'il avait empêché son père Ouranos de nuire en le privant de sa virilité. Il avait pour frères les Titans qui servaient ses plus noirs desseins, et mangeait à l'occasion ses enfants pour éliminer les problèmes de succession.

Zeus lui avait échappé, grâce aux soins attentifs de la nymphe Hêlikê et à son lait généreux. Il s'apprêtait à le détrôner, pour prendre sa place dans l'Olympe. Il grandissait en force et en astuce, devenait dangereux. Cronos apprit qu'une nymphe l'avait aidé à survivre, l'avait dérobé aux regards des Titans qui recherchaient l'enfant divin pour le livrer à son père monstrueux. Il retrouva Hêlikê, voulut la punir. Zeus intervint à temps. Pour la dérober aux menaces et aux coups, il la métamorphosa en constellation. Seule resta sur la terre la petite fleur des champs qui portait son nom, *Hélichrysum*, plus communément appelée l'immortelle.

L'hellébore d'Hercule

Il arrive que les fleurs ne servent pas seulement la gloire des dieux, qu'elles soient aussi, par grâce particulière de l'Olympe, utiles aux hommes. Il en est ainsi de l'hellébore d'Hercule.

On soignait la folie, dans Molière, avec quatre grains d'hellébore. Ce purgatif drastique était paré de toutes les vertus. La plante, au bord du chemin, semblait inoffensive avec ses feuilles d'un vert sombre, très découpées, et ses fleurs printanières aux sépales persistants. On peut aujourd'hui cueillir sur le mont Œta des hellébores jaune pâle, à cinq pétales, dans les ruines d'un temple colossal qu'Hercule avait jadis construit de ses mains.

Il se tordait de douleur sous les morsures de la tunique que le sang du centaure Nessos avait transformée en instrument de torture. Mieux valait mourir que de supporter ces souffrances. Hercule alluma un bûcher gigantesque, sans doute pour que sa mort spectaculaire attirât l'attention des dieux indifférents de l'Olympe.

Ils voulurent bien l'admettre parmi eux, ce qui était, pour un héros, la récompense suprême. Son ami Philoctète, le roi légendaire des Grecs du mont Œta, alluma lui-même le bûcher de l'assomption d'Hercule. Avant de mourir, le héros lui donna son arc aux flèches empoisonnées pour qu'il pût l'utiliser aux côtés des Grecs dans la guerre de Troie. Philoctète était le meilleur des archers, il ne manquait jamais sa cible. Nul ne doutait qu'il ne pût assurer aux Grecs la victoire, s'il intervenait dans la guerre de Troie.

Mais les dieux étaient partagés : certains, comme Athéna, soutenaient Achille et Ulysse, les autres prenaient le parti des Troyens et leurs querelles rendaient les combats confus, les victoires incertaines. Philoctète en fit les frais : espoir du camp grec, du jour au lendemain il fut mis hors course par un événement imprévu, fortuit, sans doute provoqué par un dieu de l'Olympe.

Il fut mordu, sur le sentier de la guerre, par un serpent venimeux. Dans le camp des Grecs établi à l'île de Lemnos, ses jours étaient comptés. La plaie suppurait, elle semblait inguérissable. Une prédilection avertit les Grecs qu'ils ne pourraient jamais s'emparer de Troie sans l'arc magique d'Hercule que seul Philoctète pouvait bander.

On fit venir le médecin Machaon qui jouit, dans Homère, d'une louangeuse célébrité. Il donna aussitôt l'ordre de cueillir les fleurs jaune pâle du mont Œta qui entouraient le bûcher d'Hercule. Il en fit une pommade qu'il appliqua sur la blessure. Philoctète perdit aussitôt connaissance et s'endormit si profondément que, grâce aux effets miraculeux de la plante, le médecin put, sans le faire souffrir, nettoyer la plaie et extraire le venin.

À force de patience et d'énergie, Philoctète se remit, il put de nouveau tendre la corde de l'arc d'Hercule. Il fut aussitôt transporté à Troie, où la bataille était indécise. Il tua Pâris, éliminant le *casus belli*, et libéra Hélène.

Il s'attira ainsi une gloire immortelle parmi les Grecs. Il devait sa victoire à l'hellébore, la petite fleur du mont Œta, et pas seulement à l'arc d'Hercule.

Les pivoines du dieu Paeon

Les Grecs connaissaient déjà la pivoine, qu'ils appelaient « reine des fleurs ». Ils la devaient au dieu Paeon, dont la rouge pivoine, *paeonia*, porte le nom.

Celui-ci est connu grâce à Homère, qui, dans *l'Iliade*, montre l'engagement des dieux de l'Olympe dans la guerre de Troie. Sans la passion guerrière des Arès et des Hadès, des Athéna et des Héra, cet interminable siège aurait-il duré aussi longtemps ? Ils se distrayaient en suivant assidûment les combats, ils ne voulaient pour rien au monde que la paix revînt. La guerre de Troie était leur feuilleton quotidien. Elle les arrachait à l'ennui.

Sans doute les dieux sont-ils le plus souvent au balcon : ils s'asseyent pour assister aux combats singuliers des héros. Ils ont chacun leur favori, leur champion. Ils l'encouragent, quand il est défaillant ; ils le stimulent pour qu'il force la victoire. Il arrive même qu'ils détournent les traits pour lui éviter des blessures intempestives. Ils peuvent déployer un nuage épais pour permettre aux combattants en difficulté de fuir. Leur hostilité rend toute victoire impossible : on ne peut gagner contre Zeus.

Parce qu'elle a décidé de favoriser les Grecs, Héra séduit et endort son époux. À son réveil, Zeus, furieux, veut aider les Troyens. Il abandonne le lit « de safran, de jacinthe et de lotus frais » où Héra lui a insufflé l'oubli, pour lancer Apollon contre les Grecs.

Ainsi les dieux peuvent aussi combattre eux-mêmes à l'occasion, dans leur rage de remporter la victoire. Apollon désarme de sa propre main Patrocle, l'ami d'Achille, pour qu'il se laisse tuer sans résistance par le Troyen Hector. Homère pousse leur similitude avec les hommes jusqu'à les rendre vulnérables aux blessures. S'ils sont immortels, ils ont hérité des hommes la capacité de souffrir. Hadès, le dieu des enfers, et Arès, le guerrier, reçoivent dans leur chair des pointes de lance qui leur causent d'atroces souffrances. Personne n'ose les soigner. Ils ont aussi besoin d'un médecin : Paeon, dieu lui-même et collaborateur d'Apollon, se présente.

Il est toujours au chevet des dieux malades, soigne les indigestions d'Héra la gourmande, les battements de cœur trop saccadés d'Aphrodite, les douleurs d'Héphaïstos, le dieu forgeron des enfers. Il accourt dans l'Olympe pour mettre à la diète Arès et Hadès. Il les soigne avec les baumes calmants qu'il a confectionnés avec la pivoine.

Apollon lui-même lui a révélé les pouvoirs magiques de la fleur. Paeon transmet ses secrets à son fils, qui sera le premier médecin connu dans le monde, Esculape.

On sait désormais que la plus arrogante des fleurs peut soulager les douleurs humaines, et que les dieux l'ont voulu. Elle reçoit alors le nom du père d'Esculape, le médecin de campagne, qui secourait les combattants pro-grecs de la guerre de Troie, à condition qu'ils fussent des dieux et non des hommes. Car Paeon ne soignait que les dieux. La pivoine rouge d'Apollon leur était réservée.

La gentiane d'Illyrie

Le père de la gentiane s'appelait Gentius. Il avait remarqué cette fleur à corolle d'un bleu soutenu, qui poussait dans le Pélion, pays des centaures aux vallons gorgés d'eau, dont les herbes hautes nourrissaient les hommes-chevaux.

Cette montagne de Thessalie portait sur ses flancs un temple consacré à Zeus, une caverne où avait habité Chiron. Centaure lui-même et fils de Cronos, celui-ci avait défendu le héros Pélée contre les centaures ses frères. Il se flattait d'avoir célébré en ce lieu les noces de Thétis et de Pélée, et les fleurs de gentiane avaient orné la cérémonie. Dans une des centauromachies les plus célèbres de l'Antiquité, Chiron le centaure avait reçu une flèche empoisonnée de son ami Hercule, qui l'avait touché par erreur. Il souffrait tant qu'il avait obtenu de Zeus, bien qu'étant immortel, la permission de mourir. Pour la première fois un fils de dieu voulait mourir comme un homme. Zeus y avait consenti.

Gentius était homme, et non point dieu. Il était roi en Illyrie au IIe siècle avant Jésus-Christ, dans une colonie hellénistique de la côte adriatique, l'actuelle Yougoslavie. Les gentianes poussaient nombreuses dans les campagnes illyriennes et Gentius savait qu'Esculape les appelait « racines de centaures », en raison de leur abondance en Thessalie, où leurs propriétés médicales avaient été reconnues. Elles poussaient à l'ombre, dans les lieux humides, et soignaient les morsures de serpents ou les maux d'estomac. Esculape en avait recommandé l'emploi.

Gentius n'était pas un roi heureux : un mal mystérieux décimait ses sujets. Des villages entiers étaient frappés, les hommes mouraient sans pouvoir bénéficier d'aucun secours. Les dieux avaient-ils juré de supprimer le royaume d'Illyrie ?

Gentius consultait sans cesse les médecins, qui n'avaient d'autre référence qu'Esculape. Ils proposaient cent fleurs, cent racines aux vertus reconnues, capables de guérir les maladies les plus rares. Mais ils ignoraient le mal nouveau qui frappait les sujets de Gentius et atteignit bientôt sa propre famille. Le roi se demandait comment il pourrait s'attirer la faveur du Ciel, afin d'endiguer la plus cruelle des épidémies. Il multipliait les sacrifices aux dieux, implorant leurs secours. Aucun signe du ciel ne venait l'aider.

Sachant qu'elle avait été utilisée par Chiron, il résolut alors de recourir à la gentiane. La racine, et non la fleur de la plante, servit de matière première pour les remèdes que les malades absorbèrent. Leur état s'améliora. La forte fièvre qui les rendait hagards disparut. La gentiane avait des effets heureux sur la maladie.

Certes, elle était incapable de soigner cette maladie nouvelle, dont on ingorait alors tout et qu'on appela la peste. Mais elle rendit des services assez spectaculaires pour qu'on lui donnât le nom du roi d'Illyrie Gentius. Il avait fait connaître les vertus de cette plante dont les fleurs égayaient les profondeurs des vallons.

D'autres gentianes jaunes poussaient dans les Alpes de France ; elles firent les beaux jours de la postérité du roi médecin Gentius, en alimentant la pharmacopée du Moyen Âge. La gentiane faisait son entrée, sous un patronyme de la période alexandrine, sur les tablettes de l'histoire des plantes.

Le lilas du Seigneur

Le lilas vient de Perse, et non de Grèce. Il pousse sur les plateaux d'Iran : ses rameaux sont grêles et diffus, ses feuilles ont un goût amer, ses fleurs éclatantes sont toujours groupées en panicules. Le lilas persan a été un hôte de choix pour les jardins des califes de tout l'Orient, en raison de son irrésistible parfum.

Il est passé de là en Grèce, puis en Europe, où il a connu d'autres aventures, grandissant en taille et développant deux couleurs, l'une, mauve tirant sur le rose, la couleur lilas d'origine, l'autre d'un blanc si éclatant qu'une de ses variétés s'appelait lilas Charles X.

Les moines du mont Athos et des Cyclades pourvues d'églises et de monastères byzantins offraient souvent du lilas au seigneur sur leurs autels. La fleur était sobre, poussait dans tous les sols, même rocailleux, et constituait un excellent hommage décoratif à l'heure des offices. Elle embaumait la nef plus sûrement que les lys, bien que son parfum fût plus vulgaire, plus pénétrant.

Il était aussi moins entêtant. Aussi les moines aimaient-ils voir bourgeonner les bois de lilas au printemps et sortir les premières pousses : les fleurs n'étaient pas loin, elles se répandaient en panaches si touffus qu'elles suggéraient dans l'imaginaire le regret de l'abondance, des fruits du paradis terrestre. Une fleur païenne ?

Musulmane plutôt, une des parures des princes infidèles, qui ornait leurs jardins défendus, où ils aimaient les sultanes et les esclaves du harem. Cette image galvaudée, méprisante de l'islam était alors fort bien reçue et divulguée par les moines chrétiens, qui se présentaient comme des modèles de vertu. Devaient-ils éloigner le lilas au parfum tentateur, qui évoquait irrésistiblement la femme épanouie, pour lui substituer, ainsi que la tradition le demandait, la rose et le lys dans les hommages au Ciel ?

Le lilas fut sauvé par des commerçants avisés, qui s'aperçurent que la graine de la fleur avait une section parfaitement pentagonale et pouvait être montée en chapelet. Une petite industrie prit naissance, qui vendait des chapelets aux pèlerins se rendant à Jérusalem sur les Lieux saints. On manquait toujours de chapelets pour prier dans les églises : les graines de lilas étaient faciles à monter, produisaient un certain effet quand elles étaient vernies ou colorées, et ne revenaient pas cher.

Pour populariser l'objet, on lui trouva un nom connu de tous, familier aux pèlerins, le paternoster. Le nom passa à l'arbre lui-même, et naturellement à ses fleurs. Dans les îles ioniennes, sur les côtes de Thessalie ou d'Eubée, les fleurs lilas des paternosters fleurissaient au printemps, non point comme des exilées des harems du Grand Turc, mais en hommage au dieu des chrétiens, qu'elles serviraient plus tard à prier, en enfilant les grains de lilas à la dizaine dans les églises : dix pour la Vierge Marie, et dix paternosters pour le seigneur Dieu.

Le lilas était sauvé. Il devenait fleur chrétienne, gibier d'offices, futur outil de prière. Il avait oublié les hauts plateaux d'Iran et les mosaïques bleutées des mosquées. Cette plante émigrée recevait son identité. Les moines du mont Athos et d'ailleurs l'avaient rendue digne de compter parmi les fleurs préférées du Seigneur : ses graines ne louaient-elles pas éternellement son nom ?

La pariétaire passe-muraille de Périclès

Venait-elle de Judée, la petite fleur qui poussait sur les murailles, d'où son nom de pariétaire ? Celle-ci était baptisée par les grecs *judaica*, ce qui suggérait que le vent l'avait ramenée d'Orient. On l'appelait aussi perce-muraille ou casse-pierre, une plante vulgaire, à fleurs verdâtres, sans grand éclat.

Elle était remarquable par son aptitude à se fixer sur les parois de rochers et dans les interstices des pierres de construction, un peu comme la giroflée jaune sur les églises bretonnes. Rien ne semblait rebuter la pariétaire, plante courageuse, prête à tous les équilibres instables.

Athènes construisait sur son acropole un ensemble monumental qui devait devenir une des merveilles du monde. La richesse et la puissance de la ville tenaient à l'énergie et à l'adresse du stratège Périclès, de la famille des Alcméonides, qui avait doté sa cité de la première flotte de l'Égée. Il avait soumis à son autorité le monde grec et voulait rendre hommage à Pallas Athéna, la déesse de la ville qui lui avait permis de vaincre. L'architecte Phidias, ministre de la Culture de

Périclès, avait mobilisé à Athènes tout ce que la Grèce comptait de sculpteurs de talent pour leur faire réaliser, de 447 à 438 avant le Christ, les deux frises entourant l'édifice, et les sculptures des frontons.

Périclès visitait le chantier, hâtait la mise en place des statues d'Athéna. Il voulait être prêt pour les grandes Panathénées, celles qui devaient faire connaître au monde le triomphe d'Athènes. Phidias avait fait de l'Acropole un musée des chefs-d'œuvre, appliquant au calcul des dimensions du Parthénon le fameux « nombre d'or » qui servait à définir les proportions idéales.

Pline raconte que, au cours de cette visite, Périclès avisa un ouvrier en équilibre sur le faîte du Parthénon, occupé à engager entre deux blocs un joint de plomb, manœuvre délicate, qui exigeait, à cette hauteur, une réelle adresse. Le stratège craignait plus que tout un accident dans l'enceinte sacrée du temple d'Athéna. La mort d'un homme y serait de mauvais augure.

Un cri le tira de sa méditation : l'ouvrier venait de faire une chute. Ses camarades se précipitaient. Il était encore vivant, blessé seulement, mais fort malmené par sa chute. Une plaie ouverte au genou risquait de le rendre infirme. Il avait aussi reçu un choc très dur sur la tête. Risquait-il la mort ? Le médecin personnel de Périclès, consulté, n'osait se prononcer. Le travail cessa aussitôt sur le chantier, comme si Athéna avait voulu, par cet accident, manifester son mécontentement.

Périclès ne dormit guère, cette nuit-là. Au petit matin, il réveilla Aspasie, sa compagne.

– Athéna m'est apparue en songe, lui dit-il. Elle tenait dans sa main une plante vulgaire, comme si elle voulait attirer mon attention. Une plante qu'elle avait arrachée à la muraille du Parthénon.

– La pariétaire, dit Aspasie. Ne sais-tu pas qu'elle guérit les blessures ?

Le lendemain, l'ouvrier reprenait souffle et vie. La déesse avait fait un miracle, en se servant de la fleur la plus modeste. Périclès décida de la baptiser désormais *parthénion* en souvenir de l'intervention d'Athéna *parthénos*. Les travaux pouvaient reprendre : le temple aux pariétaires serait le plus beau du monde grec, le plus cher au cœur de la déesse.

L'œillet de Zeus

Les Grecs l'appelaient *Dios anthos*, la fleur de Zeus : c'est l'œillet de toutes les couleurs, originaire, comme Zeus lui-même, de l'île de Crète. Le maître des Dieux, comme tous ses collègues, était immortel, mais non éternel. Il était né sur la terre, sur un sol défini, où plus tard Cnossos construirait son palais. Zeus aimait une fleur des champs, une fleur sauvage au parfum agréable. Les Crétois le savaient, ils avaient donné son nom à l'œillet qu'ils représentaient souvent dans leurs fresques mortuaires, comme si la fleur pouvait attirer aux défunts l'indulgence des dieux.

En Crète, l'œillet était la fleur du courage, celle que l'on jetait aux acrobates intrépides qui s'exerçaient entre les cornes immenses des taureaux. Les premières représentations des courses taurines viennent de l'île. On y avait le culte du taureau, signe de force vitale, de puissance animale. Un taureau de belle taille ne pouvait être que la créature de Dieu.

Il exprimait par ses formes, l'équilibre de ses muscles, la sauvagerie de sa livrée noire ou blanche, une sorte de perfection divine. Sa masse impressionnante faisait trembler la terre quand il chargeait. Rien ne pouvait résister à la furie d'un troupeau. Si Zeus avait changé Io en génisse c'est qu'il sentait en lui la force du taureau.

Par un étrange détournement d'espèce, l'œillet rouge, rose ou blanc de Crète poussa plus tard sur les plates-formes des jardins de l'émir de Cordoue, ou dans l'Alhambra, le palais princier de Grenade, en Andalousie, au temps de la domination des musulmans. Il suivit, de palais en palais et de jardin en jardin, tous les itinéraires du sud de la Méditerranée. Il était la plante voyageuse, celle qui peut se fixer partout, étant d'une beauté souveraine.

Les princes musulmans n'adoraient pas le taureau, mais le cheval, et leurs représentations religieuses n'étaient nullement animalières. Ils les proscrivaient, au contraire, impitoyablement de leur art sacré. Si leurs jardiniers exemplaires, si leurs horticulteurs savants cultivaient l'œillet, c'était en raison de la beauté de la fleur et de son sublime parfum. Ils en avaient obtenu d'étonnantes variétés. Ils les croisaient sans cesse pour en créer de nouvelles.

L'œillet reprit sa vocation en Andalousie, après la Reconquête catholique. Il régna en maître dans les *plazas de toros*, à l'oreille des Andalouses venues à cheval assister aux exploits des *matadores*. Le sable de l'arène, avant de se tacher du sang des victimes, regorgeait des fleurs de l'offrande, des œillets rouges. Le torero saluait, ramassait une fleur, la plus belle, et la glissait sur son cœur. La fleur était une pensée païenne, mais aussi bien chrétienne : si l'homme à l'habit de lumière n'avait pas Zeus avec lui, il bénéficiait, comme un chevalier du Moyen Âge avant le tournoi, de l'amour d'une dame.

L'œillet est ainsi devenu la fleur fétiche de l'Andalousie :

est-ce un hasard si ses origines crétoises se sont révélées sur la terre d'accueil de la tauromachie ? Zeus ignorait peut-être les courses de taureaux. Il pouvait poursuivre, incarnant lui-même un taureau, la capiteuse Europe. La fleur qu'il avait jetée aux Crétois et qui portait son nom, le *Dios anthos*, devint pourtant l'œillet rouge des matadors de Séville.

Le gattilier de la femme fidèle

Le gattilier est une fleur grecque, venant d'un arbre dont les rameaux sont utilisés comme des liens, par exemple pour empêcher les fugitifs de s'enfuir. Les exemples abondent dans Homère : les pieds des captifs sont toujours entravés par des liens de gattilier. La fleur du gattilier évoque encore les liens moraux que le mari peut imposer à son épouse, et dans lesquels Héra entendait tenir Zeus. Héra, entre autres fleurs, a donc donné son patronage au gattilier.

Ses fleurs bleu clair ou rose fleurissent en grappe, généralement sur le bord de la mer. On raconte que le premier usage du gatillier est dû à Zeus. Prométhée avait voulu lui voler le feu de l'Olympe, cachant les brandons au creux d'un bâton de bois dur. Furieux, Zeus l'avait châtié. Pandore, son serviteur, enchaîna Prométhée au sommet de la plus haute montagne d'Europe, dans le Caucase, et un aigle dévorait en permanence son foie qui se reconstituait sans cesse.

Le centaure Chiron, pris de pitié, le délivra de ses souffrances, en grimpant sur les pentes du Caucase. Connaissant les vertus magiques des plantes, il rendit la santé à Prométhée et lui plaça sur la tête une couronne de gatillier en signe de fidélité à Zeus et à Héra, qu'il n'entendait plus désormais contrarier.

Le gattilier avait désormais sa légende. Il entrait dans la pratique cultuelle, grâce aux femmes de l'Attique qui ornaient leurs chambres de ces bouquets bleu tendre et rose. Elles affirmaient ainsi leurs sentiments de fidélité à leurs époux et se faisaient bien voir d'Héra, qui ne plaisantait pas avec l'adultère. On assurait que la déesse avait vu le jour sous un buisson de gattiliers, et que les fleurs de l'arbre symbolisaient à ses yeux les sentiments d'attachement mutuel que devaient avoir les mariés l'un pour l'autre. Ainsi le culte d'Héra s'enrichit-il d'une fleur nouvelle. Surtout à Samos, où le gattilier poussait sur les rivages de l'île en grande quantité. Chacun pouvait en cueillir un bouquet pour en faire hommage à la déesse.

Jalouse de Déméter, celle-ci s'indigna qu'on utilisât le gattilier lors des fêtes en l'honneur de la déesse des moissons que l'on appelait à Athènes les Thesmophories, pour célébrer la chasteté des femmes non mariées. L'une d'elles s'allongeait même, en cette occasion solennelle, sur une litière de branches et de fleurs de gattilier pour affirmer devant la statue de la déesse qu'elle resterait éternellement chaste et pure, à tout le moins jusqu'au mariage.

Héra prétendait au monopole de la fidélité, sinon à celui de la chasteté. Homère raconte dans *l'Iliade* qu'elle pouvait se parer de voiles transparents, se farder et se parfumer pour s'attirer les grâces de Zeus quand elle avait besoin de son époux. Elle ne prêchait pas la chasteté à domicile, bien au contraire. Elle voulait que la fleur du gattilier exprimât seulement les sentiments de fidélité, rien de plus.

La déesse des unions légales obtint satisfaction. Devant la

statue de son temple de l'île de Samos, on planta un gattilier qui vécut très longtemps. Ses fleurs honoraient la déesse, rappelaient à tous que la vertu la plus essentielle était la fidélité.

Le lotus d'Ulysse

Le lotus est crétois, ou chinois, mais surtout égyptien. Il a la propriété d'endormir les humains quand il se cueille sur les branches d'un arbre, le jujubier. Il existe en effet différentes espèces de lotus : celui de Grèce est un simple fourrage, celui d'Égypte ressemble aux nénuphars et fleurit au front du dieu Sekhet.

Dans le poème d'Homère *l'Odyssée*, qui raconte les voyages d'Hercule, celui-ci aborde le pays des mangeurs de lotus, les Lotophages. Ce peuple légendaire habitait les rives de la Tripolitaine et se nourrissait exclusivement des fruits du jujubier, arbre épineux qui, beaucoup plus tard, fournira la couronne d'épines pendant la passion du Christ.

Le peuple des Lotophages habitait sous terre dans des cavernes creusées dans le sable à quatre ou cinq mètres de profondeur. Ces troglodytes passaient la journée dans leurs abris, ne sortaient qu'à la tombée du jour pour se livrer à la chasse ou à la cueillette des lotus. Ils emmagasinaient le fruit du lotus dans de vastes réservoirs et le pressaient pour en obtenir un breuvage.

Le fils de Laërte et d'Anticlée, Ulysse, passait pour le plus rusé des Grecs. Quand il rentra de la guerre de Troie, il eût pourtant beaucoup de mal à rejoindre son royaume d'Ithaque, parce que les dieux avaient placé sur sa route d'incroyables embûches : le séjour chez les Lotophages était un des pièges qui avait longtemps arrêté le navigateur.

Le breuvage magique des Lotophages a pour propriété de faire perdre le souvenir des origines. Celui qui boit ne se souvient plus de son identité, ni de sa patrie. Il ne peut rentrer chez lui, ignorant son adresse. Rien ne paraît plus tragique aux Grecs que cette perte de mémoire, qui les condamne à l'anonymat, à l'errance, voire à l'esclavage. Le roi, à l'époque d'Homère, est celui qui se souvient de son royaume. Plus tard, au temps de Périclès, le citoyen est celui qui se souvient du dème où il va voter. Les esclaves n'ont pas besoin de souvenirs, ils peuvent boire sans dommage le jus du lotus. Ils n'ont rien à oublier, étant enchaînés comme des animaux.

Un Grec qui oublie n'existe plus, retourne à la barbarie. Il vagabonde sur les routes, à la recherche d'un maître. Il entre dans les maisons pour s'asseoir à la place du pauvre, toujours prévue dans les repas familiaux. Il ne peut prétendre rentrer chez lui, puisqu'il ne se souvient plus de son identité. C'est un homme perdu.

La fleur de lotus est donc mortelle : c'est le pire des dangers pour Ulysse et ses compagnons, qui ont beaucoup de mal à retrouver conscience et mémoire, après un séjour chez les Lotophages. Le lotus ne joue pas du tout ce rôle dans la civilisation crétoise et moins encore chez les Chinois ou les Égyptiens : il permet d'oublier les turpitudes de la vie quotidienne pour se retrouver en songe plus près des dieux. Les religions de la purification utilisent le lotus, comme le pavot, comme fleurs d'extase et d'oubli volontaire de la condition humaine : elles aident à se défaire de l'existence individuelle pour accéder à la contemplation du dieu. Dans la religion bouddhique, le lotus est particulièrement précieux. Il est la porte du paradis. Les Grecs n'ont que faire de l'extase mystique : pour eux, le paradis est au bout du bâton, qui conduit le pèlerin de la mort juqu'aux Champs Élysées, à travers les prairies d'asphodèles. Il doit être guidé, et non aveuglé, pour éviter les précipices. Ulysse ne redoutait rien tant que la fleur de lotus.

La grande férule

C'est une fleur sévère, qui pousse dans les endroits secs. On l'appelle la grande férule. Elle peut atteindre quatre mètres de hauteur et déploie ses ombrelles de fleurs jaunes au long des chemins de Grèce.

Elle peut remplir des prairies entières et donner l'impression d'une nappe dorée de fleurs. Ses fortes tiges ne doivent pas faire illusion ; elles sont si creuses que les marins grecs les utilisaient pour allumer leurs pipes. Les esclaves les cueillaient à la veille de la fête de Dionysos, ils coupaient les tiges et plaçaient au sommet de chacune une pomme de pin : ces bâtons, appelés thyrses, étaient alors brandis par les Ménades qui escortaient de leurs danses bachiques le char du dieu.

Celles-ci étaient choisies avec soin, car elles devaient communiquer par leurs chants la divine extase, celle qui poussait à la folie créatrice. Les thyrses des Ménades suffisaient-ils à approcher du dieu ? On peut en douter, car, comme le dit Parménide, un philosophe des temps très anciens : « Nombreux sont les porteurs de thyrses, mais rares sont les familiers du dieu. »

Dionysos se montrait volontiers, vêtu d'une peau de léopard et jouant du tambourin, mais il ne se confiait à personne : insaisissable, il était toujours en mouvement, bondissant d'Asie en Europe, de Thessalie en Crète, de Samos à Ombros, évitant seulement les sanctuaires sacrés d'Apollon ou de Zeus, encore plus ceux d'Héra, où il était indésirable. L'épouse de Zeus ne voulait pas entendre parler de ce trublion aux rythmes bizarres qui faisait perdre la raison aux étrangers venus d'Asie.

La seule raison qui avait fait choisir au dieu la grande férule comme fleur du culte était la fragilité relative de sa tige. Aux grandes dionysies, chacun était libre de boire, de chanter et de danser, les esclaves comme les maîtres : c'était la fête la plus démocratique de toute la Grèce. Le dieu Dionysos n'était ni raciste ni élitiste : il aimait les Grecs d'Asie comme ceux d'Europe, ne faisait pas de différence entre Péloponnésiens et Crétois. Il était favorable au mélange des races et des populations, au mouvement, contre l'ordre fixe. Il accueillait volontiers tous ceux qui, portant le thyrse, voulaient se joindre à ses jeux tumultueux.

Mais il n'aimait pas le désordre destructeur, celui qui conduit au trouble, à l'indistinct, au non-être. Que les esclaves eussent de vrais bâtons pour frapper les maîtres, une fois ivres, lui paraissait dangereux. En distribuant des tiges de grande férule, tout risque était éliminé : le bâton se brisait à la moindre querelle, dans l'éclat de rire des Ménades : la fête était une farce, la dionysie un simple hommage au dieu. Le lendemain, la vie pourrait recommencer dans les plantations, les champs, les vignobles : les esclaves seraient toujours des esclaves et la grande férule n'y pouvait rien.

Elle était dédiée à Dionysos. Non pas comme hommage

particulier : la fleur avait peu de parfum et ne frappait pas par sa beauté. C'était seulement une plante utile, jouant un rôle précis dans les fêtes. Chacun voulait porter le thyrse à la procession du dieu : innocente pratique que Dionysos tolérait, et qui ne remettait pas l'ordre en question.

La grande férule frappait pour rire. Elle ne faisait peur à personne. Ainsi l'avait voulu le dieu des ivrognes.

Les roses de Néron

Néron aimait Apollon, les roses et la poésie. Le persécuteur des chrétiens leur reprochait de ne pas vouloir reconnaître en lui un dieu, alors qu'il adorait volontiers les divinités venues de l'étranger, et particulièrement de l'Orient. Recevant avec faste le roi d'Arménie Tiridate, il s'était assis sur son trône, habillé dans le costume du triomphe. Tiridate l'avait converti au culte de Mithra, le dieu taureau d'Orient. Il était, lui disait-il, son Mithra.

Néron voulait être Apollon, le dieu soleil. Pourquoi pas aussi Mithra, et Horus de surcroît, pour plaire aux Égyptiens ? L'empereur pratiquait l'œcuménisme des dieux étrangers. Mais il voulait qu'on l'adorât aussi comme un dieu. N'avait-il pas une voix divine, quand il chantait en jouant de la cithare ? Il voulait être un Apollon apparenté à Bacchus, son dieu favori. Le rapprochement est symbolique : la hantise de Néron était de perdre l'Orient. Rapprocher Bacchus, familier de Dionysos, des dieux venus d'Asie, avec le Dorien très occidental Apollon relevait de l'ambition politique : maintenir à tout prix l'union, au besoin en rendant un culte à la personne de l'empereur.

Il avait invité l'aristocratie romaine à la Maison dorée, le nouveau palais éblouissant qu'il s'était fait construire dans Rome, en 64. Dans le vestibule, une statue à son effigie mesurait cent vingt pieds de haut. Les plafonds de l'édifice couvert de dorures étaient percés de trous, pour que les esclaves pussent répandre à l'intérieur des parfums pendant le banquet. Ils inondaient aussi les convives de pétales de roses.

Néron voulait en effet que le peuple romain l'adore non seulement comme le successeur d'Auguste, l'égal divinisé de Jupiter, mais comme une sorte d'artiste divinisé, ou d'Apollon incarné. La rose était la fleur symbolique de son triomphe, au lieu des lauriers du César. Ses victoires n'étaient pas militaires, mais civiles : il ne voulait pas soumettre les peuples par la force, ils étaient tous soumis. Il souhaitait les engager dans les voies nouvelles de l'art, et se proposait de les conduire sur cette planète nouvelle et mystérieuse où la guerre était impossible. Sa gloire, en somme, serait de sauver l'humanité en étendant son pouvoir à l'esprit même des hommes, qu'il voulait changer.

Il dépensait les sesterces sans compter pour associer les Romains à ses fêtes, et faire pleuvoir sur eux des pétales de roses. Il n'admettait pas qu'on refuse ses offres, qu'on prétende convertir le peuple à l'adoration d'un seul dieu. Il avait martyrisé les chrétiens, non pas parce qu'ils adoraient un nouveau dieu, mais parce qu'ils méprisaient et rejetaient violemment les anciens, qu'ils traitaient d'idoles. Il répondait à l'intolérance par la cruauté, faisant ainsi de nouveaux martyrs qui conduisaient à l'Église de nouveaux chrétiens.

La pluie de roses était symbolique : elle exprimait le triomphe de Néron, auquel il associait le peuple entier. Quand il célébra son triomphe en entrant dans Rome en mars 68, il avait une robe de pourpre, comme César, mais brochée d'étoiles. Son manteau était le symbole de la voûte céleste. Il était le maître de la nature et des hommes. Dans sa munificence, son goût du *luxus*, il faisait encore pleuvoir sur eux des pétales de roses. Ainsi le voulait le *cosmocrator* : son peuple, qui l'adorait comme un dieu, devait vivre éternellement dans une Rome fleurie de roses, au parfum de paradis.

Héliogabale divinisé

Pendant quatre ans, au début du IIIe siècle, Rome vécut dans un tourbillon de plaisirs et de fêtes, dans une pluie continue de roses, sous l'empereur le plus fou qu'elle eût jamais connu, intronisé à quinze ans, Héliogabale.

Il était entré dans Rome, venu d'Orient, habillé d'or et de soie, arborant des vêtements de femme, une robe traînante à la vénitienne, les yeux faits, les joues marquées de vermillon, la tiare émaillée de diamants des prêtres du soleil de Syrie sur la tête, des bracelets aux chevilles, des babouches incrustées de pierreries aux pieds. Il tenait à la main une rose et la portait amoureusement à ses lèvres, comme s'il embrassait Rome. Des nains, des animaux, des courtisanes, des eunuques, des gitons gambadaient dans son escorte, qui parcourait les rues.

« Il est encore plus fou que son cousin Caracalla », disaient les Romains qui racontaient que le dernier empereur assassiné pourrait bien être le père de cet Héliogabale dont la mère, l'impudique Soæmias, épouse licencieuse du malheureux Varius Marcellus, était la propre tante de Caracalla.

– Des roses, je veux des roses, encore plus de roses ! s'écriait le jeune homme en extase, en voyant tomber une pluie de roses sur les Romains qui l'accueillaient.

Il aimait les roses rouges de Syrie, les roses roses de Naples, toutes les roses. Il en fit planter dans les champs de blé de Paestum, de Preneste, du golfe de Salerne. Rome manquait de blé, mais regorgeait de roses, elle en importait même d'Égypte. « Ô Nil ! chantait le poète Montial, les roses de Rome sont désormais plus belles que les tiennes. Nous n'avons plus besoin de tes roses, mais envoie-nous ton blé. »

Ce César oriental à peine adolescent couchait avec trois femmes en même temps dans des lits d'argent massif, sur du duvet de perdrix. Ses chars étaient tirés par des éléphants, des tigres apprivoisés. Il aimait aussi y atteler des femmes nues.

Il donnait des banquets à cent mille sesterces, qui ne comptaient pas moins de vingt-deux services. Il avait inventé un vin couleur de rose, provenant de plants venus d'Orient qu'il avait fait cultiver à Naples et qu'il appelait le rosé. Il faisait servir à table des lapins cuisinés qui étaient revêtus de leur fourrure pour avoir l'air vivants, des poissons cuits qui semblaient nager dans la mer.

Facétieux, il asseyait ses convives sur des coussins gonflés d'air qu'il faisait dégonfler au dessert. Les nobles sénateurs et leurs épouses roulaient à terre, aussitôt menacés par des tigres, des ours et des léopards lâchés dans la salle. Les hôtes mouraient de peur : ils ne pouvaient savoir qu'il avait fait briser les dents de ses fauves et limer leurs griffes.

Dans la salle du banquet, il fit un jour jeter à trois reprises, par les dalles amovibles du plafond, des pluies de roses sur les convives. Ils trouvèrent d'abord l'idée charmante, d'autant que cette projection s'accompagnait de vaporisations de parfums. Mais les esclaves jetaient les pétales à brassées, sans s'arrêter, comme s'ils voulaient étouffer l'assistance. Les femmes toussaient, se voilaient la face, d'autres essayaient de gagner la sortie : les portes étaient fermées, gardées par des légionnaires en armes. Allaient-ils mourir tous, asphyxiés par les roses, les hôtes de l'empereur fou ? Plusieurs suffoquèrent.

Quand la fête prit fin, elle annonçait la fin du tyran. Il périt comme Caracalla, assassiné. Et son corps, sur le lit funèbre, ne fut pas environné de roses.

Le rosier des soufis

En Orient, la rose est déjà symbole de culte, et non simple signe de reconnaissance du dieu, ou de gratitude aux dieux. Elle devient une des représentations mystiques les plus recherchées, elle illustre le mystère du monde, et inspire les plus exigeantes extases. La recherche du spirituel se fait au nom de la rose.

Les derviches, qui avaient fait vœu de pauvreté, approfondissaient leur foi dans la méditation et recevaient un enseignement mystique, avec une mystérieuse initiation. Ils tenaient aussi la rose comme fleur de mystère, fleur de foi.

Les peuples d'Asie avaient des contacts nombreux par le commerce et mêlaient quelquefois, comme les soufis, les éléments de connaissance de l'islam, du christianisme mystique et du védantisme, un des systèmes philosophiques du brahmanisme, religion des Indes. Cette doctrine, la *vedanta*, établissait l'union du moi individuel avec le moi universel, affirmait que cette union était la seule légitime. Les maîtres hindous, comme Cankara, lui avaient donné sa forme définitive.

Pour les soufis, la rose symbolisait l'union avec Dieu, une coïncidence parfaite réalisée dans la sainteté, dans le dépouillement du monde. Comme si la fleur exquise restait la seule forme de création qui fût encore acceptée par une méditation spirituelle qui tenait les formes de la nature pour une illusion sensible. La rose avait toutes les perfections que l'homme devait rechercher pour devenir parfait.

Les épines elles-mêmes devenaient symboliques : on y voyait l'illustration des souffrances, des pièges rencontrés et subis par l'homme sur le chemin de la contemplation de Dieu. La floraison annuelle de la fleur semblait promettre que le chemin de l'ascèse serait long et que le croyant ne devrait pas se décourager.

Les Persans lettrés étaient des soufis. Les poètes partageaient les croyances de cette secte. L'un d'eux, Omar Kayyam, était enterré à Nishapur, au nord de l'Iran. Un voyageur anglais, à la fin du XIXe siècle, remarqua la beauté des rosiers qui fleurissaient sur sa tombe. Ces fleurs mystiques étaient celles que les soufis avaient placées là pour que l'âme d'Omar fût en paix. L'anglais Simpson recueillit des graines de ces fleurs et les rapporta à Londres. Au Kew Gardens, à force de soins, elles donnèrent naissance à un superbe rosier de Damas. Il fut appelé Omar Khayyam en l'honneur du poète.

La rose était pourpre, pleine de fraîcheur et de senteurs. Elle rappelait le poème de Khayyam, qui avait ainsi prévu sa mort : « Ma tombe sera en un lieu où le vent du nord amènera des graines de rosier. »

Il avait prédit juste. Mais ce poète du début du XIIe siècle ne pouvait évidemment pas prévoir que la rose des soufis pousserait un jour sur la tombe de son traducteur anglais, Edward Fitzgerald, dans un petit cimetière du Suffolk, en 1893. La rose avait beaucoup voyagé. Les soufis en étaient fort aises. Ils y voyaient le signe que la fleur de Dieu ignorait les frontières, et qu'elle ferait le tour du monde.

La rose blanche de Marie

Nombreuses étaient les déesses, abondamment pourvues de fleurs symboliques, qui répondaient aux besoins des femmes dans le monde grec et latin. Avant le développement du culte marial, les fleurs n'étaient guère utilisées dans la symbolique chrétienne, pas plus que les fruits : elles renvoyaient au péché originel, au jardin d'Éden.

Quand se développa au Moyen Âge le culte de Marie, l'image de la Vierge fut immédiatement liée à la rose : la Vierge répondait à la double exigence de pureté, d'innocence, d'incorruptibilité, mais aussi d'enfantement et de maternité. La rose se devait donc d'être blanche, pour la mère de Jésus. Ainsi fut-elle cultivée dans le jardin secret, le « jardin clos » de la méditation. Offrir des fleurs à Marie, la couronner de fleurs, faire pleuvoir les pétales sur le chemin des processions, c'était reprendre l'hommage floral des cultes antiques pour célébrer la femme, objet d'un nouveau culte.

Mais la rose était aussi la fleur aux cinq pétales, dont chacun symbolisait une des cinq plaies reçues par le Christ pendant sa passion. Par là même, elle devenait l'objet d'une contemplation mystique. Comme les soufis en Iran, les chrétiens des Flandres, d'Italie ou d'Espagne se retiraient dans les monastères pour y chercher Dieu dans une extase mystique dont les effets stupéfiants faisaient le tour de la chrétienté, comme autant d'exemples de foi parfaite. Saint-Jean de la Croix, Sainte-Thérèse d'Avila étaient autant d'exemples de ces soumissions parfaites des individus devant le Seigneur. Puisque le Christ était mort sur la croix pour sauver les hommes, ceux-ci devaient, pour retrouver le Christ, mortifier leur corps et rechercher l'extase mystique, qui favoriserait l'union avec le fils de Dieu. Cette religion des itinéraires secrets, de l'approfondissement intérieur recherchait des symboles : la rose s'offrait d'elle-même, par sa puissance symbolique.

Dans la cathédrale, elle était devenue rosace et proposait sa forme géométrique très pure aux fidèles en prière. Elle était présente sur la mosaïque des coupoles, sur les pavements des églises et, naturellement, dans les tapisseries et sur les œuvres peintes. Elle accompagnait constamment le Christ ou la Vierge sur les représentations figurées, comme si sa présence garantissait à la prière un bon accueil dans le ciel.

Ainsi la rose prenait-elle sa place, cardinale, dans l'enceinte sacrée des lieux de prière. Elle n'était plus considérée comme un ornement païen, diabolique, incitant à la volupté, mais comme la représentation la plus appropriée de la Passion du Christ et de la Vierge Marie. Elle était associée aux éléments les plus forts de l'apologétique. Elle fleurissait par milliers sur le verre, la pierre, le bois, la toile, la mosaïque, sur tous les matériaux qu'employaient les artistes pour honorer la Vierge et Jésus. Elle devenait la reine des fleurs.

Dans les litanies de la Vierge, prières formées de courtes invocations et récitées à l'occasion des fêtes par le clergé et les fidèles, on qualifiait la Vierge de Tour de David, d'Étoile du Matin, de Porte du Ciel, de Maison d'or, mais aussi de Rose mystique. La fleur était entrée dans le noyau central de la foi. Elle ne le quitterait plus.

Les rosières de Saint-Médard

Saint Médard était évêque de Noyon au Vᵉ siècle et seigneur d'un petit village de l'Oise, Salency. Il promettait une somme d'argent à la jeune fille, qui, dans l'année, aurait fait preuve de la plus haute vertu. Elle serait couronnée de roses.

On l'appela la rosière. La première fut la propre sœur de l'évêque : le village de Salency n'en avait pas trouvé de plus vertueuse. Dieu fit un miracle : la rosière se maria dans l'année. La nouvelle fit le tour de la seigneurie, et toutes les filles rivalisèrent de vertu. N'était-il pas temps d'institutionnaliser l'initiative ? L'évêque créa un droit spécial sur une partie de ses terres, pour couronner chaque année une rosière, et la coutume se perpétua de siècle en siècle.

La couronne était donnée solennellement le 8 juin, jour de la Saint-Médard. Le curé avait au préalable incité les filles de la paroisse à présenter des objections pour l'élection de la favorite, dont le nom était connu. Après cette épreuve de confrontation, la rosière était désignée : au XVIIIe siècle encore, un cortège de jeunes filles, rosière en tête, toutes vêtues de blanc, se rendaient au château, portant en baudrier le ruban bleu, couleur favorite de la Vierge.

Sur l'autel de la chapelle du fondateur était placée une couronne de roses garnie sur le devant d'un anneau d'argent qui avait été offert jadis par Louis XIII. La jeune fille recevait la couronne et le prix, avant de sortir de l'église, saluée par la joyeuse mousqueterie des garçons, impatients de découvrir, dans sa robe exceptionnellement ornée, la jeune fille qui devait se marier dans l'année. Un banquet était alors servi.

Les résultats étaient considérés comme positifs : la moralité des gens de Salency était citée en exemple dans les prônes. Élie de Beaumont, un seigneur normand, résolut donc d'imiter la fête de la rosière dans son fief, proche de Caen. Des curés lorrains suivirent aussi l'exemple. De proche en proche, la mode des rosières gagnait le royaume. Les Bretons, les Auvergnats n'étaient pas les moins ardents. Les rosières étaient en Limousin, en Rouergue, dans le Jura. Elles firent le tour de la France. Paris se mettrait-il au diapason ?

On ne connaît qu'une rosière à Nanterre. Chaque année, les Parisiens se rendaient en foule dans ce village pour participer aux agapes et admirer la jeune élue qui brillait par sa vertu et qui recevait des mains du maire une somme donnée par le conseil. Elle portait, en sortant de l'église, la même couronne de roses que la rosière de l'évêque Médard.

La tradition, interrompue par la Révolution, reprit au XIXe siècle. Elle est tombée en désuétude, jusqu'à disparaître après la séparation de l'Église et de l'État en 1905, qui interdisait toute manifestation publique du culte. Il reste que les roses de Saint-Médard figuraient en bonne place dans les mariages, comme hommage à la Vierge mère, sur les autels des églises, même si la couronne de la mariée était de plus en plus de fleurs d'oranger, comme celle d'Emma Bovary dans Flaubert. Les roses de la rosière de Salency symbolisaient la pureté et la vertu : elles étaient intégrées aux pratiques cultuelles les plus populaires. Le christianisme aussi avait besoin des fleurs.

La rose d'or du pape

L'usage de la rose d'or par le pape remonterait à 1048. Léon IX fut le premier à bénir une rose. Il le fit avec solennité à la messe du quatrième dimanche de carême. Les fidèles chantaient, en signe d'allégresse, le cantique *Laetate Jerusalem*. La rose était portée en procession et le pape se réservait d'en faire don à une reine ou à une princesse, en signe d'hommage pontifical.

Léon IX, de son nom Bruno d'Egisheim-Dagsburg, était un haut seigneur d'Alsace, fils du comte d'Egisheim et cousin de l'empereur Conrad II dont il avait été le chapelain. Cet ancien évêque de Toul avait des usages aristocratiques. Il était lié au monde germanique, qui tirait l'or de ses mines et jouissait déjà d'une certaine opulence. Il avait été élu pape à la diète de Worms par la grâce de l'empereur Henri III. Non content de cette princière élection, il avait revêtu un habit de pèlerin pour se faire élire une seconde fois à Rome par le Sacré Collège.

Ce pape réformateur, qui voulait rendre à l'Église sa pureté, attribuait à la rose un pouvoir symbolique fort. Très attaché au droit canon et à la suprématie pontificale, il intervint auprès des princes d'Europe pour que fût reconnue son autorité spirituelle. Il les lança dans la croisade contre les infidèles. Il excommunia le patriarche de Constantinople Kéroularios, parce que celui-ci se refusait à reconnaître l'autorité du pape de Rome : il fut ainsi à l'origine du schisme dramatique, irrémédiable de l'église d'Orient, qui a toujours considéré son indépendance comme une impérieuse obligation ; avant même que les protestants ne fissent sécession, il y avait en Europe, après Léon IX, deux communautés de chrétiens, et jamais l'unité ne pourrait être rétablie. Ce pape de combat n'hésita pas à conduire lui-même les armées pour protéger ses États contre les envahisseurs : il livra bataille aux Normands, dans le sud de l'Italie. La création de la rose d'or avait donc pour but de lui concilier les bonnes grâces des reines catholiques et de les associer à sa diplomatie musclée. Jusqu'en 1870, la papauté resta ainsi prisonnière de ses biens temporels, causes de conflits, d'alliances, de guerres qui obligeaient le pontife à se conduire comme un souverain !

L'usage de la rose s'est perpétué, de pape en pape. Léon X décida d'en honorer un prince, et non une princesse. En 1515, il envoya la rose au futur Charles Quint, alors fils de Maximilien d'Autriche. La rose d'or fut désormais incluse dans les pratiques diplomatiques de la papauté. Elle était sans doute encore un symbole de foi et d'attachement à la religion de la Vierge et de Jésus, mais elle était surtout devenue un symbole de bonnes relations, un objet laïque, en quelque sorte.

Un réseau de princes et de princesses en exil court aujourd'hui dans le monde ; mais il reste aussi des rois et des reines catholiques en exercice. Le pape n'a pas renoncé à leur envoyer sa rose d'or, rappel des vertus que l'Église attend des princes. Un hommage qui reste un symbole : il appartient aux têtes couronnées de donner, comme les rosières, l'exemple de la foi et de la vertu. Ainsi le voulait Léon IX.

VI.

Fleurs de serre

Par le biais du jardin secret destiné à la contemplation, l'amour courtois du *Roman de la rose* conduisait son lecteur à une conception de l'amour singulièrement profane, puisque la quête du poète était bien celle d'un cœur épris, désireux de conquérir celui d'une belle. Cette tendre profanation amenait, au travers de l'amour chevaleresque, à l'apologie de la passion individuelle, de l'amour humain, que devait illustrer la poésie de la Renaissance : si Ronsard évoquait la rose, c'était pour symboliser Hélène, la femme aimée.

On peut offrir la rose, ou l'effeuiller, comme la marguerite, devenue, elle aussi, symbole de la passion amoureuse. Rien n'était plus important que l'*ego*, au temps des poètes français de la Pléiade.

Cent ans plus tard, les fleurs étaient disposées en bouquets à Versailles, pour l'agrément du souverain, et dans les châteaux de ses courtisans. Deux cents ans plus tard, le roi faisait construire des serres, et les jardiniers fournissaient dans Paris des fleuristes, qui vendaient aux particuliers des fleurs en bouquet.

La fleur était devenue l'objet de communication entre des individus. Elle s'était laïcisée, et le message qu'elle transmettait était essentiellement sentimental, même si elle n'avait nullement renoncé à ses fonctions religieuses. On cultivait les espèces pour les jardins d'agrément, mais surtout pour un circuit commercial qui devint à ce point important qu'une industrie des fleurs artificielles se manifesta au XVIIIe siècle, et que les fleurs intervinrent dans l'artisanat du mobilier domestique ou de la décoration des maisons. La révolution florale était faite.

Elle avait été rendue possible par la recherche, déjà scientifique au XVIIe siècle, portant sur les espèces de fleurs. De même que les peintres employaient des couleurs de plus en plus sophistiquées, produites grâce aux connaissances nouvelles de la chimie, les botanistes des jardins royaux en Europe, mais aussi des serres de riches particuliers de Hollande ou d'Angleterre présentaient à l'admiration du public, puis aux convoitises des marchands, des espèces naturelles travaillées par croisements, pour offrir des fleurs inédites, d'une beauté ornementale fascinante. Le champ d'observation des fleurs – et des plantes en général – n'était certes pas orienté sur cette recherche du profit ; les herborisateurs de génie, les voyageurs qui rapportaient les magnolias du Pérou n'étaient pas des marchands : ils s'intéressaient au règne végétal comme champ d'observation et d'expérimentation. Gens de recherche et de théorie, ils assignaient aux fleurs un rôle central et obtenaient parfois, grâce à leurs patientes études, des résultats spectaculaires.

Il reste qu'un trafic de la fleur, au plus haut niveau, s'organisait en Europe. Les espèces et leurs croisements fascinaient les spéculateurs, qui connaissaient le prix d'une tulipe rare ou d'une rose unique. Les enchères montaient, à Londres comme à Amsterdam. La place de Paris n'était pas en reste, pas plus que celle de Vienne, ou celle de Madrid. Posséder les fleurs les plus inouïes devint sport de princes, surenchère de courtisans, signe de réussite sociale, élément de train de vie, au même titre que l'écurie de courses, ou la galerie de peinture. Les fleurs savantes avaient pris le pas sur les fleurs des champs ; elles sont, pour beaucoup, des produits de la recherche et de l'infernale spéculation, des fleurs de serre.

La rose des peintres

1667. Jacob Van Walscapelle, peintre de Hollande, prend son pinceau devant la toile vierge. Son modèle ? Ses commanditaires sont de riches bourgeois protestants. Ils ont demandé au peintre un simple bouquet de fleurs, dans un vase.

Mais quelles fleurs ! Des œillets bicolores, obtenus par de savantes études, des pavots rouge vif aux tiges torturées, un épi de blé mûr, d'un jaune éclatant, des insectes sur les tiges, papillons, escargots, coccinelles et même un hanneton. Jacob a voulu représenter la nature, dans sa diversité. Mais sa vedette est la rose aux cent pétales, *centifolia*, si fins qu'ils paraissent chiffonnés, dans tous les stades de sa floraison, en bourgeon, en croissance, en maturité.

Le bouquet n'est nullement d'inspiration mystique, il n'illustre pas un sentiment amoureux, n'évoque pas les donateurs et moins encore le luxe de leur domicile : on aperçoit à peine le pot qui contient les fleurs. Il repose sur une table simple de bois ordinaire. Tout son attrait est dans la suggestion de l'infinie complexité des formes de la nature florale. Un tableau d'inspiration botanique, qui tient le réel sous toutes ses formes, des plus complexes aux plus simples, pour le véritable maître de l'art.

Ils sont nombreux, les peintres hollandais qui représentent

des roses en cette seconde moitié du XVIIe siècle. Les bourgeois amateurs de tableaux investissent également dans la recherche florale, passionnés par les espèces rares de tulipes, de jacinthes, de pavots et naturellement de roses. Les deux Brueghel sont des maîtres de la rose. Ils n'ont pas leur pareil pour la représenter, en guirlandes, dans les scènes d'inspiration religieuse que commandent, plus que jamais, les prêtres des villes du sud, de l'actuelle Belgique, très opposés aux Hollandais calvinistes. Même dans ces peintures d'Église, les roses sont représentées avec une telle précision qu'elles sont en elles-mêmes des sujets d'étude, en dehors de leur signification symbolique. L'œil du peintre a changé.

Il se passionne pour les croisements : les rosiers *alba*, parmi les plus anciens, sont des hybrides de roses de Damas et d'églantiers. Les Damas se sont croisés dès l'Antiquité avec la *Rosa moschata* pour former des hybrides. Les *gallica* ou galliques se prêtent également aux cultures savantes. La *centifolia* de Brueghel de Walscapelle est un hybride entre les antiques *alba*, nées de l'églantier, et les fleurs de Damas. Ces fleurs sont pleines et doubles, stériles, mais au parfum merveilleux, des roses d'une pâleur délicate, émouvante, féminine.

La rose du peintre est une *centifolia* plus pourprée, presque mousseuse : fleurs de serre de la haute bourgeoisie hollandaise, produit de multiples croisements, fleur savante, résultat d'une longue étude des botanistes passionnés. Elle affirme, dans sa fausse simplicité, que la nature aussi peut être soumise à l'homme, s'il sait en comprendre les lois. Elle peut figurer sur la table des encyclopédistes du XVIIIe siècle, qui tiendront l'étude de la nature pour le début d'une nouvelle sagesse.

La rose de Chine de Londres

La rose jaune de Chine a fait rêver tous les botanistes d'Europe qui ne pouvaient disposer, pour réaliser les hybrides, que des fleurs venues de Damas et d'Orient après les croisades. Mais la Chine était fermée. Impossible de voyager à l'intérieur du pays. Les Portugais, installés à Macao, ne s'intéressaient pas aux roses et ne vendaient que les produits que l'empereur de Chine voulait bien leur céder.

Le développement de la culture des roses dépendait donc des rapports entre l'Europe et la Chine. L'Angleterre était, au XVIIIe siècle, la mieux placée grâce à l'activité de l'English East India Company qui s'intéressait au thé, accessoirement à l'opium. Mais les marchands anglais ne parvenaient pas à pénétrer à l'intérieur du pays, ni même à apprendre le chinois. Les ordres de l'empereur étaient stricts : pas d'étrangers en Chine.

Un Suédois, Peter Osbeck, élève du botaniste français Linné, avait réussi à rapporter en Europe un petit rosier à fleurs doubles, mais roses, et non pas jaunes, qu'il avait prélevé dans le jardin des douanes de Canton. Ce rosier avait le mérite de fleurir tout l'été, mais il ne portait pas les roses rares dont rêvaient les botanistes.

Quand le gouvernement de Sa Majesté britannique décida, en 1792, d'envoyer une ambassade en Chine pour obtenir des avantages commerciaux, lord McCartney, l'ambassadeur, eut la bonne idée d'engager comme secrétaire un botaniste. Sir George Staunton voyagea avec son maître de Pékin à Canton et put rapporter en Angleterre deux plants inconnus, mais qui portaient encore des fleurs blanches ou roses. Le grand rosier apporté plus tard par sir Abraham Hume, avec un lot de chrysanthèmes, n'était encore qu'un plant à fleurs rose pâle. On avait pourtant révélé au public européen les délicates couleurs de la rose thé.

En 1823 enfin, le rosier à fleurs jaunes, doubles, débarqua sur les quais de la Tamise. Il avait voyagé dans des conditions difficiles, simplement déposé dans une caisse ouverte, arrosé tous les matins à l'eau douce sur le pont du navire. Il avait réussi à parvenir à bon port et son acquéreur, John Parks, avait pu l'acclimater, à force de soins.

Parks avait navigué sur un bateau de l'East Indian Company et avait été reçu en Chine par l'inspecteur principal du thé, John Reeves, qui s'intéressait lui-même aux roses. John Parks était un botaniste agréé par la très digne Horticultural Society. Il avait toutes les recommandations possibles et Reeves lui avait fait confiance.

Ainsi le Parks' Yellow Tea-scented China vit le jour dans les brouillards de la Tamise. On découvrit qu'il était trop fragile pour supporter le frimas. Seul le sud de l'Angleterre pouvait l'accueillir. De nouveau, il voyagea.

Il fit la conquête des jardins de la Méditerranée en France, et de ceux de Californie. Ses fleurs jaunes, éclatantes, n'avaient pas fleuri longtemps à Londres, sauf en serre. Elles étaient un hommage certain à la passion des chercheurs anglais, souvent nobles des meilleures familles, qui savaient allier la manie des roses aux habiletés de la diplomatie et aux profits du commerce.

La Gloire des rosomanes

Une rose ancienne, baptisée la Gloire des rosomanes, est le résultat de croisements savants obtenus par le Français Jean-Pierre Vibert, un singulier collectionneur, qui serait oublié par l'Histoire sans la passion érudite de deux autres rosomanes contemporains, Roger Philips et Martyn Rix[1]. Il produisit par croisement une fleur aux pétales larges et peu nombreux, d'un rose soutenu tirant sur le pourpre, qui eut aussitôt un vif succès.

Vibert était un autodidacte, né en 1777 à Paris. Il cultivait benoîtement son jardin, y plantait des roses, avec une passion de collectionneur. Mais Napoléon avait besoin de soldats. Vibert fut enrôlé dans l'armée qui devait combattre en Espagne : adieu les roses !

Plusieurs fois blessé, il reçut la permission de rentrer chez lui, couvert de gloire et de souvenirs. Il acheta une quincaillerie dans le quartier de Saint-Germain-des-Prés, mais il s'intéressait peu aux clous. Il passait son temps à rendre visite au jardin de son voisin, un horticulteur qui fournissait des roses à la Malmaison.

En 1812, Vibert décida d'en finir avec la quincaillerie. Il

1. Voir Roger Philips et Martyn Rix, *Histoire des roses*, La Maison rustique, 1993, p. 105.

vendit son fonds, acheta une petite maison à Chennevières-sur-Marne, où la terre grasse et humide convenait à merveille à la culture des roses. Il y planta toutes les espèces qu'il put trouver dans les serres de son ami Dupont, un des fournisseurs de Joséphine. Après Waterloo, la France entra dans une longue période de paix. Jean-Pierre Vibert, qui ne se consolait pas de l'exil de l'empereur, pouvait se reposer en cultivant ses roses.

Il apprit que les combats de la campagne de France avaient complètement dévasté les jardins célèbres d'un horticulteur de Saint-Denis qui disposait d'un stock important de rosiers. Il avait réussi à sauver la plupart des plants qu'il y avait achetés, quand son jardin fut brusquement envahi par des hordes de hannetons. Il n'existait pas alors d'insecticides. Les larves attaquaient les plants, les détruisant rapidement. La plantation de Chennevières risquait d'être complètement décimée. Vibert ne dormait plus. Jour et nuit il traquait les hannetons, engageant les enfants du village. Mais ils revenaient sans cesse, par escadrons volants.

Pour sauver ce qui restait, il décida de revenir à Saint-Denis, avec toute sa collection. Il dut se déplacer ainsi plusieurs fois, toujours poursuivi par les hannetons : ils le traquaient encore à Longjumeau, où il établit ses pénates en 1835. L'ancien combattant de la guerre d'Espagne enrageait d'être impuissant devant une invasion d'insectes. Ils étaient plus dangereux pour ses rosiers que les cosaques.

Il trouva la paix de l'âme dans l'Anjou, où il s'installa enfin : point de hannetons sur les bords de Loire, une terre légère, un climat clément. Vibert pouvait tout à loisir croiser les espèces et obtenir les roses les plus rares.

Il confessa à son petit-fils, avant sa mort survenue en 1866 :

– J'ai seulement aimé Napoléon et les rosiers... Après tous les maux que j'ai endurés, je ne déteste que deux choses : les

Anglais, qui ont détrôné mon idole, et les hannetons, qui ont détruit mes rosiers.

La rose de Bourbon

M. Jacques est le jardinier du duc d'Orléans, le futur roi des Français Louis-Philippe. Anglomane, riche à millions et possesseur d'un domaine à Neuilly, le duc aime l'horticulture comme un lord et entend obtenir, lui aussi, des roses exemplaires dont on parle dans le Gotha des roses. Antoine Jacques est chargé de réaliser des miracles.

Les Français ne sont guère présents en Chine et ne peuvent apporter des plants inconnus sur le marché, comme le font les lords anglais, par l'intermédiaire de l'East Indian Company. Il n'est donc pas possible d'attendre des croisements de ce côté. Au demeurant l'introduction des roses chinoises a été réalisée à Londres depuis la fin du XVIIIe siècle. Un nouveau plant chinois ne serait pas digne du duc d'Orléans.

Fort patriote et entiché des trois couleurs, celui-ci veut mettre en vedette la science horticole française et fait rechercher des plants qui viennent de l'outre-mer. La France qui a perdu les Indes et le Canada au siècle dernier a dû faire son deuil d'autres colonies ou points de relâche, du fait de la supériorité de la marine anglaise pendant les guerres de la Révolution et de l'Empire. Il lui reste cependant quelques possessions, les comptoirs des Indes, par exemple, et l'île

Bourbon, occupée par les Français depuis 1638 et peuplée d'abord de déportés.

À l'île Bourbon, les administrateurs de la Compagnie des Indes orientales, chère à Colbert, ont installé des colons. Mahé de La Bourdonnais y a développé au XVIIIe siècle la culture du café. Au temps de M. Jacques, jardinier de Louis-Philippe, les colons s'intéressent davantage à la canne à sucre qu'aux rosiers. Cependant un botaniste français, Périchon, a, au cours d'un voyage, remarqué sur l'île un rosier hybride naturel d'une grande rareté, croisé d'un rosier chinois et d'un Damas. Il en a parlé au botaniste officiel du gouvernement, Bréon.

– Cet hybride est d'une qualité exceptionnelle, a plaidé Périchon. Il faut le faire connaître à nos collègues de Paris.

– Emportez des graines, lui a conseillé Bréon.

– Expédiez-les vous-même, par le courrier officiel.

Bréon, qui connaît la famille d'Orléans, a adressé son envoi au prince. Celui-ci a aussitôt convoqué le jardinier Jacques, qui a semé les graines à Neuilly.

Le premier rosier de Bourbon, conforme à la plante décrite par Périchon, voit le jour en 1821. Il fleurit au début de l'été et mesure un mètre cinquante environ. Il conserve le parfum délicat de la rose de Damas et sort une fleur d'un blanc légèrement rosé, qui convient assez bien au goût de la famille princière.

À partir de l'original, Jacques obtient, de 1826 à 1830, des croisements spectaculaires, des roses auxquelles il donne les noms des femmes de l'illustre famille : Adélaïde d'Orléans, sœur de Louis-Philippe, et Marie, son épouse Marie-Amélie.

Le jardinier Jacques a tenu ses promesses : des graines envoyées de l'île Bourbon s'épanouissent désormais en fleurs qui figurent en bouquets sur les tables de la duchesse.

La baronne Adolphe de Rothschild

En 1868, une rose nouvelle vit le jour. Elle était tout simplement rose, et non rouge, ou blanche, ou jaune. De forme ramassée, très entourée de fleurs, l'heureuse disposition de ses pétales offrait une géométrie parfaite, propre à séduire la famille la plus riche d'Europe, qui avait des banques à Londres, Francfort, Vienne, Naples et Paris : les Rothschild. Grands seigneurs de la finance, barons d'empire, de l'empire d'Autriche, les Rothschild aimaient collectionner les fleurs et les chevaux. La rose hybride portait le nom de la baronne Adolphe de Rothschild.

La célèbre famille dominait alors le marché des investissements en Europe, en particulier grâce aux efforts des branches de Londres et de Paris, où le baron James avait obtenu la confiance de l'empereur Napoléon III. Pionnier des chemins de fer en France et réalisateur de la première grande ligne, la Compagnie du nord, il avait placé les emprunts d'État dans des conditions avantageuses. Son fils Alphonse devait garantir la dette de cinq milliards de francs-or que la France devait à l'Allemagne par le traité de paix de 1871 et assurer le remboursement anticipé de cette énorme somme. Les Rothschild étaient présents, et souvent acteurs, dans l'histoire industrielle et financière de la France et de l'Angleterre, mais aussi dans l'industrialisation de l'Autriche-Hongrie et de l'Italie. En

1868, la puissance de la famille était à son sommet : le baron James venait de triompher de son rival Pereire et dominait le marché français des capitaux.

Le mécénat était pour les barons de Londres, de Paris et de Vienne une tradition, mais aussi la passion des chevaux de course et des roses de prix. Pour obtenir la rose de la baronne Adolphe de Rothschild, ils s'étaient adressés à un pépiniériste lyonnais, Claude Pernet.

Ce Lyonnais disposait de serres et de jardins depuis 1845. Son fils Joseph, en s'alliant à une Ducher, devait créer une des plus importantes maisons de roses d'Europe. Claude avait eu à cœur de réaliser pour les Rothschild sa plus belle rose, utilisant tout son savoir, cultivant avec passion les hybrides. Il avait réussi à l'obtenir en 1868. Elle avait aussitôt figuré parmi les collections prestigieuses de la famille Rothschild, qui s'intéressait à toutes les innovations de la botanique. Le baron de Londres et celui de Paris rivalisaient pour peupler leurs parcs et leurs jardins des espèces les plus rares. À Ferrières, où il avait fait construire un château de style anglais, environné d'un parc immense, James avait fait venir à grands frais d'Australie un arbre appelé le « millionnaire » qui n'existait qu'à un seul exemplaire en Europe. Il achetait les azalées les plus rares et plantait des forêts de rhododendrons. Les magnolias, les orchidées étaient dans le domaine des Rothschild mais aussi, par préférence, les roses.

On raconte qu'Alphonse, le fils de James, invité par le roi des Belges à Bruxelles, ne put arriver à temps pour le dîner : son train avait été détourné sur une voie de garage pour laisser passer un convoi spécial. Furieux, il s'était informé. Le convoi spécial avait été formé à l'instigation de son valet de chambre, ignorant que son maître avait pris le train ordinaire, parce qu'il s'était aperçu que le baron avait oublié son habit. Aucune anecdote n'illustre mieux la puissance des Rothschild.

L'horticulteur lyonnais avait donc réussi l'exploit de faire connaître son nom dans le milieu le plus fermé d'Europe. Sa rose figurait parmi d'autres merveilles dont on ne trouvait l'équivalent dans aucune serre princière ou royale.

Les fous tulipiers

Une véritable *tulipomania* touche les Hollandais au début du XVIIe siècle. La plante est connue depuis 1559, année où un spécimen rapporté de Constantinople a été étudié par Conrad Gesner. Charles de Lécluse, qui signait Clusius, lui a expédié des graines venant de Turquie à partir de Vienne, où il était en poste.

On appelle « fous tulipiers » les fanatiques de la nouvelle plante. Ils achètent les oignons à n'importe quel prix, et leur prix augmente chaque jour. La bourse de Harlem en vient à coter les tulipes, comme des valeurs. L'espèce Amiral Lieskens, par exemple, atteint à la cote deux mille florins, somme folle. La rareté fait le prix. On ne trouve dans toute la Hollande que deux oignons de Semper Augustus : l'un est à Harlem, l'autre dans le port d'Amsterdam. Les « fous tulipiers » se renseignent. Mais les propriétaires ne veulent pas vendre.

On offre douze arpents de bonne terre pour un seul oignon. Les enchères montent encore : quatre mille six cents florins. L'acheteur propose en plus de céder une voiture attelée de deux chevaux. Nouveau refus de vente. Un amateur se ruine pour obtenir un autre oignon baptisé le Vice-Roi. Il se défait de tous ses objets en argent. Il l'obtient enfin. Le voilà heureux. Il possède l'objet de ses rêves.

Au début du XVIIe siècle, les tulipes de Hollande n'ont plus de prix : une seule collection réalise neuf mille florins dans une vente publique. La tulipe-brasserie tire son nom d'une transaction particulièrement spectaculaire : un fanatique de Lille, pour acheter un oignon rare, a décidé de vendre tous ses biens, sa grande brasserie en pleine production, estimée à trente mille francs. Les enchères montent encore. Il n'y a plus de limite. On gage les emprunts en tulipes, on rembourse en tulipes, la fleur devient monnaie d'échange, signe de garantie financière.

Les commerçants abandonnent leur précédent négoce pour se livrer au trafic exclusif des tulipes. La variété Mère brune fait fureur en France. Un amateur la veut à tout prix. Meunier de son état, il abandonne son moulin de Flandre pour courir les marchés de Hollande, recherchant l'espèce rare. Il finit par vendre son moulin, ne trouvant pas les sommes suffisantes pour la payer.

La folie se répand. La réputation d'enrichissement par les tulipes est telle que chacun veut en posséder. La ville de Harlem fait tous les trois ans dix millions de florins de transactions, seulement sur les tulipes. Les Hollandais viennent de découvrir une source de richesse fabuleuse. Leurs horticulteurs tiennent la clé de l'équilibre des échanges extérieurs. Ils n'ont pas d'or, mais ils ont des tulipes ! La mode gagne l'Angleterre, mais surtout la France, où les ministres du roi enragent de voir l'or sortir des frontières pour s'investir en oignons chez les concurrents hollandais.

On cite le cas d'un bourgeois qui doit marier sa fille. À l'époque, l'usage lui commande de la doter. Il propose au futur un oignon de tulipe. Celui-ci accepte. La tulipe sera baptisée : Mariage de ma fille.

La tulipe noire

La tulipe noire est une variété impossible à obtenir, sinon au prix de longs, difficiles et coûteux croisements. Le noir, dans le végétal, est la couleur la plus rare. Il ne s'obtient qu'au prix des plus grands sacrifices.

Pourtant un pauvre jardinier de Hollande avait réussi, au XVIIe siècle, à produire une tulipe noire chez lui. Il l'entourait de soins, l'arrosait sans cesse, écartait d'elle les vers, les pucerons, les hannetons et même les moucherons. Il n'en dormait pas la nuit, craignant que sa tulipe, pour laquelle il avait construit un abri de bois, ne fût l'objet d'une agression naturelle, ou qu'on vînt la lui voler.

Il ne laissait personne entrer dans son jardin. Ceux qui lui achetaient des fleurs devaient attendre à l'entrée. Il avait pourtant montré sa tulipe noire à une bourgeoise fort huppée, qui lui achetait des bottes chaque hiver, car il était de son état savetier.

– Une tulipe noire ! Dites-moi vos secrets. Comment l'avez-vous obtenue ?

Le pauvre homme ne pouvait parler : la tulipe était le fruit du hasard. Il ne l'avait pas recherchée.

– En voulez-vous deux cents florins ?

C'était pour lui une fortune, il refusa pourtant. Il connaissait l'avarice de sa cliente : si elle lui offrait une telle somme, c'est que la tulipe valait beaucoup plus.

Il laissa monter les enchères. La dame avait raconté dans les salons qu'elle avait vu de ses yeux une tulipe noire. La Société des tulipiers de Harlem fit une démarche pressante auprès du savetier pour lui acheter sa fleur.

Les offres étaient de plus en plus importantes. Après avoir jugé l'homme comme un naïf, on le tenait pour un spéculateur : il avait tout investi, c'est sûr, dans cette tulipe noire et il connaissait les cotes en Bourse des oignons précieux. On ne pouvait le duper.

Certains lui offrirent mille florins. Il refusa encore. On l'assura qu'il pouvait obtenir plus. Des espèces moins intéressantes avaient grimpé jusqu'à deux mille florins la veille à Harlem.

Il finit par céder la tulipe noire à mille cinq cents florins. Les députés de l'association, qui lui comptèrent les pièces d'or, le traitèrent de demeuré quand l'accord fut conclu :

– La Société des tulipiers de Harlem, que nous représentons, est naturellement en possession de plusieurs tulipes noires que nous avons nous-mêmes produites.

– Pourquoi acheter la mienne si cher ? demanda le savetier.

– Regarde ce que nous faisons de ta tulipe.

Devant ses yeux, ils la jetèrent à terre, l'écrasèrent sous la semelle de leurs bottes.

– Ne comprends-tu pas que ce qui fait le prix des choses est leur rareté. Il faut qu'il n'y ait qu'une seule tulipe noire au monde, pour qu'elle atteigne des cotes fabuleuses. Jamais tu n'auras deux fois la même chance. Nous venons d'éliminer une concurrence, la tienne ! Tu aurais pu nous demander dix mille florins. Nous te les aurions payés, parce que la tulipe noire de Harlem ne doit pas avoir de rivale.

Les tulipoclastes

La manie des tulipes était donc telle au XVIIe siècle que l'on voyait de fort honnêtes gens se ruiner pour spéculer sur les oignons, et que les grands seigneurs intégraient la fleur rare dans leurs éléments de train de vie, montrant leurs tulipes comme on exhibait un tableau de Rembrandt. Cette mode folle suscita un choc en retour. Certains en vinrent à détester les tulipes. La fleur venue d'Orient, ornementale et sculpturale plus que parfumée, plastique plus que sensuelle, irréprochable dans ses lignes, arrogante presque, ne valait que par la délicatesse et la variété de ses couleurs. Les amateurs le savaient, qui recherchaient les teintes les plus rares, qui étaient autant de valeurs ajoutées.

Le gouvernement de Hollande finit par s'émouvoir de la *tulipomania* qui détournait les capitaux des investissements utiles pour les retenir dans une spéculation aléatoire. Il prit des mesures pour tenter de limiter le fléau. Les familles étaient en danger, quand elles avaient parmi elles un *florimane*. Les lois devaient les protéger : on promit la prison et les fers aux plus « fous tulipiers ».

Parmi les botanistes les plus distingués, on constatait d'ailleurs des cas de révolte. Un savant professeur hollandais, connu pour le sérieux de ses recherches, sabrait les tiges des tulipes dans les jardins, avec une exaspération croissante. Il les traitait de fleurs du diable. Elles avaient en effet tendance à prendre toute la place, même dans les lieux les plus désintéressés. Cet Evrard Forstius, professeur à Leyde, insultait ses collègues tulipomanes. Une guerre des tulipes sur les campus.

L'affaire était évidemment entretenue par ceux qui dominaient le marché des fleurs rares. Ils payaient les recherches des plus doctes botanistes, tâchant d'obtenir d'eux des croisements de plantes. Ils expédiaient au loin des chercheurs, qui achetaient à prix fort des plants sur les marchés lointains d'Orient, de Turquie, de Syrie, dans l'espoir de créer des espèces nouvelles.

– Plus de tulipes, hurlait le professeur Forstius. Il faut détruire ces fleurs du diable ! Elles gênent la recherche, bloquent le progrès. Les plantes intéressantes et nouvelles foisonnent. Il en vient chaque année d'Amérique, particulièrement du Pérou. Les tulipomanes sont des réactionnaires achetés par les boursicoteurs !

Les Anglais calmèrent le jeu, en prenant le relais de la spéculation. Pour gagner encore plus d'argent, ils créèrent des centres de production qui alimentaient le marché en oignons par milliers. Leurs jardins étaient à la mode en Europe. Ils plantaient des tulipes dans tous les parterres.

La fleur devint familière, populaire. Elle fleurissait au printemps aux balcons des bourgeois, dans les entrées de villes. On regorgea de tulipes de toutes les couleurs. Impossible désormais de spéculer sur la fleur, elle était trop répandue.

Ainsi le marché boursier défaisait ce qu'il avait fait : plaçant jadis la tulipe au sommet, du fait de sa rareté, il la précipitait désormais au dernier rang, en raison de son abondance. Elle ne valait plus rien. Ceux qui s'étaient ruinés pour la tulipe n'avaient plus que leurs yeux pour pleurer.

Fanfan la Tulipe

Une tulipe est à l'origine d'une chanson fort connue. Mais cette tulipe n'existe pas : c'est le sobriquet d'une des victimes du recrutement royal, au temps où l'on saoulait les hommes pour leur faire signer un engagement dans l'armée, pour aller mourir dans la guerre en dentelle. Il apparaît dans un drame en sept actes qu'un certain Paul Meurice, en 1858, a créé sur la scène de l'Ambigu-Comique. Fanfan la Tulipe est un jeune homme à bonne fortune qui rencontre chez une tireuse de cartes la Pompadour déguisée en grisette. Il tire la marquise d'un mauvais pas, à la sortie du cabinet : elle était attaquée par une bande à la solde de son ennemi, Maurepas, qui veut la chasser de la cour en la discréditant. La Tulipe a vite fait de mettre la bande en fuite et de sauver, par ses vaillants coups d'épée, l'honneur de la dame. Il n'est pas question qu'elle récompense son hardi défenseur en lui abandonnant sa vertu. Elle glisse sa main fine sur son poing de bretteur, et lui laisse le souvenir d'une étoile. Il ne lui en faut pas plus pour être heureux : chevaleresque Fanfan !

Il la sauve peu après d'une affaire plus grave : Maurepas voulait glisser dans le lit du roi une cousine de son âme damnée, le baronnet Fitz-Onnal. Fanfan la Tulipe déjoue cette intrigue, poursuivant le baronnet dans le parc de Versailles, flamberge au vent. Il le provoque en duel et, devant la cour réunie, le bon droit triomphe, et la maîtresse royale peut poursuivre son règne étincelant sans être contrariée par les affreuses intrigues de ses ennemis.

La guerre en dentelle ne conduit pas Fanfan dans le lit de la marquise, il se fait son défenseur chevaleresque. Tout est pur en lui, et d'abord son ardeur à combattre. Dans l'armée de métier, alors au service du roi, les exemples d'héroïsme sont souvent cités, comme pour engager les jeunes gens à rechercher la gloire. La Tour d'Auvergne devient célèbre. De Fontenoy aux champs de bataille d'Amérique, les occasions ne sont pas rares où les héros peuvent s'illustrer. Il revient aux jeunes engagés de suivre l'exemple des vertus aristocratiques sur le champ de bataille, et d'abord de narguer la mort.

Fanfan la Tulipe est le premier exemple d'une chanson populaire racontant l'histoire d'un simple engagé dans les armées du roi, au rang le plus bas possible, mais illustré par ses vertus guerrières au même titre que les nobles les plus chevaleresques, ces talons rouges qui se sont donné la peine de naître et qui ont gardé la grâce de savoir bien mourir : « Messieurs les Anglais, tirez les premiers ! »

Fanfan la Tulipe est celui qui ne tremble pas sous les boulets, qui est en tête de la charge. Le courage est pour lui la vertu première, ainsi que la fidélité. La tulipe exprime au mieux ces qualités : sa corolle reste droite sur la tige, ses formes impeccables, quand souffle la tempête. Elle ne se laisse pas entamer. Elle sait mourir debout.

Fanfan n'est pas un héros patriotique, comme le seront plus tard les engagés volontaires de la révolution. S'il porte le nom d'une fleur, c'est qu'il cultive une vertu française, que la tulipe a fini, grâce à lui, par symboliser : le panache.

Les azalées d'Atala

Un grand écrivain peut mettre une fleur à la mode, sans qu'il soit besoin d'une campagne publicitaire. Chateaubriand, avec *Atala*, lance la mode indienne, répand le culte des fleurs d'Amérique du Nord. L'azalée devient aussitôt célèbre et se vend bientôt chez les fleuristes : l'azalée d'Atala.

Ces arbustes nains à petites fleurs viennent d'Amérique. Les fleurs sont rouges, très nombreuses. Elles sortent avant les feuilles et donnent à l'arbuste l'aspect séduisant d'une boule fleurie d'innombrables corolles. Fleur de serre, fleur d'appartement, mais dont les couleurs peuvent varier à l'infini. Aussi les riches collectionneurs, les lords anglais, en premier lieu lord Rothschild, font-ils venir les azalées non seulement d'Amérique, mais de Chine, grâce aux correspondants de l'East Indian Company du Caucase, puis de l'Inde. Les savants croisements opérés dans les serres-laboratoires permettent de réaliser du jamais vu et de lancer l'azalée comme plante spéculative, au même titre que l'orchidée ou la rose.

L'histoire d'Atala paraît dans *Le Mercure de France* en 1801, alors que la paix avec l'Angleterre permet d'importer les fleurs du Nouveau Monde. Elle est touchante et simple : en 1725, un jeune Français, René, arrive dans une tribu indienne, les Natchez, au bord du fleuve appelé Meschacébé qui n'est autre que le Mississippi. Il veut devenir indien et demande à être reçu comme guerrier dans la tribu. Il est adopté par le grand chef Chactas qui lui fait le récit de ses aventures.

Chactas, prisonnier d'une tribu adverse, a été délivré par une jeune femme qui l'a pris en pitié, avant de s'éprendre de lui, Atala, la fille du chef. Elle l'a sauvé alors qu'il allait être immolé aux dieux. Ils se sont enfuis dans le désert, ont échappé aux pièges de la tentation en sublimant leur amour. Ils ont rencontré un missionnaire, le père Aubry, qui a béni leur union. Mais Atala, se croyant destinée à la virginité, s'est suicidée.

Cet élan de fol amour dans la nature la plus étrangère, la moins connue, la foi ardente des amants, leur destinée tragique, la longue narration de l'amour passion confronté aux devoirs chrétiens et à l'illumination par la foi font d'*Atala* un des écrits les plus forts du mouvement romantique qui enflammera l'Europe après Waterloo. Un des charmes du récit de Chateaubriand est la description d'une nature sauvage très étrangère à l'Europe, habitée d'êtres simples mais vertueux, ornée de plantes rares et inconnues, qui deviennent autant de symboles de la passion et du désespoir des amoureux fugitifs.

– Je faisais à Atala des colliers, raconte René, avec des graines rouges d'azaléas.

Ces fleurs ont aussi la couleur de la passion. « Les azaléas ont mêlé leurs fleurs et leurs parfums à la verdure de nos lierres », écrit encore Chateaubriand, indiquant par là, peut-être, que le fol amour d'Atala, symbolisé par le rouge de l'azalée, n'esquivait pas le vert du lierre, plante de la fidélité à la foi de l'enfance.

Les orchidées du Bounty

On se souvient du film *Les révoltés du Bounty* où le capitaine Bligh, futur amiral, devait faire face, par des moyens cruels, à une mutinerie. Le navire portait à son bord les premières orchidées.

Pour dire vrai, une autre expédition anglaise avait précédé le *Bounty* dans les mers du Sud. En 1768, le capitaine James Cook, qui commandait l'*Endeavour*, avait embarqué des hommes de science pour étudier l'orbite de Vénus. Ses navigations dans le Pacifique, entre l'Australie et la Nouvelle-Zélande, avaient permis de découvrir un grand nombre de « filles de l'air » – on appelait ainsi les orchidées qui poussaient sur les arbres immenses. L'expédition en avait rapporté des dessins précis et, en 1780, c'est James Banks qui avait ramené d'Australie les toutes premières orchidées. Il en avait parlé à la Royal Horticultural Society dont il était l'un des fondateurs. Dans le jardin royal de Kew, la princesse écossaise Augusta de Saxe-Gotha avait aménagé un coin tropical, où les orchidées poussaient à l'aise.

Les fleurs du *Bounty*, introduites en Angleterre à partir de 1793, n'étaient donc pas absolument les premières, mais elles devinrent les plus connues, en raison de l'aventure du navire, dont le bruit courut toutes les capitales de l'Europe.

La discipline était très forte dans la marine anglaise, et

pourtant elle n'empêchait pas les mutineries. Le capitaine William Bligh avait appareillé en avril 1788 à Plymouth pour gagner le Pacifique avec un équipage au grand complet. L'année suivante, le navire visitait les îles de Polynésie. L'équipage était épuisé. Le capitaine menait durement ses hommes, exigeant, sous les tropiques, un travail incessant. Ils étaient au bord de la révolte. Rien ne les excédait plus que de recueillir, en grimpant aux arbres de la forêt, des plants d'orchidée et de les entretenir à bord dans des caisses de bois soigneusement alignées sur le pont. Le capitaine, maniaque, exigeait qu'ils fussent l'objet de soins constants.

À force de coups de fouet et de châtiments très durs, comme l'exposition du coupable torse nu, attaché au grand mât, en plein soleil, le capitaine provoqua une mutinerie qu'il ne put maîtriser. Il fut abandonné dans une chaloupe, avec dix-huit marins qui lui étaient restés fidèles.

La cargaison d'orchidées ne devait pas atteindre, cette année-là, les quais de Londres. Mais le capitaine Bligh réussit à toucher l'île de Timor, avec son canot de naufragé. Les mutins s'étaient établis dans les îles de Tahiti et Pitcairn. Le *Bounty* fut repris et repartit en campagne, en 1791. Deux ans plus tard, en 1793, il rapporta au jardin botanique de Kew les fleurs les plus rares, dont le *Brassavola cucullata* qui devait faire l'admiration de la princesse.

Par quelle ruse de l'Histoire doit-on la découverte de ces fleurs merveilleuses au plus inhumain des capitaines qui, après avoir donné son nom aux îles de Bligh et découvert un nouvel archipel qu'il avait baptisé Duc de Clarence, finit sa carrière comme amiral ?

L'orchidomanie

Plus une fleur est rare, plus elle est chère, surtout si l'aristocratie en lance la mode : il en est de l'orchidée comme de la tulipe. Celle-ci avait dévasté les portefeuilles des bourgeois d'Amsterdam au XVIIe siècle. Au XVIIIe, il n'y a pas un lord anglais qui ne se ruine pour entretenir une serre d'orchidées.

Le duc de Devonshire, Sir William George Spencer Cavendish, donne l'exemple : il met son immense fortune au service des explorateurs, qui rapportent des mers du Sud de nombreux plants. Il organise des collectes aux Indes. Il engage comme chef de culture Joseph Paxton qui réussit à fournir la demande des nobles collectionneurs de la Cour. La reine Victoria elle-même est intéressée. Elle reçoit, en hommage, des orchidées. La mode est lancée. Elle gagne le continent.

À Bruxelles, le botaniste Jean Linden découvre bientôt que les fleurs ne poussent pas seulement en pays tropical, mais qu'elles peuvent fleurir, dans les Andes, à haute altitude. Les progrès de la recherche permettent d'établir que les orchidées ne sont pas des plantes parasites, qu'elles se reproduisent en serres. Des sociétés de production se fondent, qui exercent le monopole sur la vente des fleurs.

Car la cote de l'orchidée atteint des sommets. Chacun veut en posséder. Un gentleman riche, un duc et pair serait déshonoré s'il ne possédait sa propre serre. Les études faites par les psychanalystes contemporains sur la sexologie des orchidées aboutissent à la conclusion que cette fleur est aimée des hommes plus que des femmes, qui lui préfèrent les roses. Le *Pas d'orchidées pour miss Blandish* de James Hadley Chase signifierait ainsi que, son collier de famille en diamant lui ayant été dérobé, elle ne reçoit plus d'hommages masculins, n'affichant plus à son cou la virilité *(orchids)* de son père [1]. Les nobles anglais, las du beau sexe, s'offraient-ils les orchidées entre eux ?

La recherche des espèces nouvelles balise l'aventure souvent tragique des collecteurs d'orchidées au XIXe siècle. Les commanditaires sont impitoyables : s'ils financent une expédition, l'explorateur doit impérativement revenir à Londres avec le spécimen attendu, conservé à tout prix pendant la traversée.

La concurrence est telle que la ruée vers l'orchidée aboutit souvent à des drames : on cite les noms de collecteurs assassinés, particulièrement au Mexique, on vole les orchidées comme les diamants.

Dans les Célèbes, la firme Sander expédie un explorateur, Micholitz, vers 1890. Celui-ci réussit à découvrir dans la jungle des plants susceptibles d'intéresser son commanditaire, il recueille une orchidée rare et s'apprête à reprendre la mer, fort satisfait de sa trouvaille. Le bateau prend feu avant le départ : sabotage de concurrents jaloux ? On ne sait. Micholitz câble en Angleterre. On lui répond de retourner dans la jungle.

– Impossible, dit-il, la saison des pluies est commencée.

Il est sommé de reprendre sa recherche, dans des conditions effroyables. C'est ainsi qu'il rapportera à Londres le *Dendobrium phalaenopis* que l'heureux Sander vendra à prix d'or.

1. Voir l'étude de Gerald Leroy-Terquem et Djohar Si-Ahmed, *Orchidées, passion*, Bordas, 1991.

La vanille, une orchidée de bon goût

Que faire de la vanille ? Cette fleur jaune à feuilles vertes presque rigides est ornementale, mais sans objet précis. On l'appelle *vainillia*, de l'espagnol *vaina* qui vient de *vagina* : la gaine. Une gaine éclatante sur fond de verdure, la vanille est tentante, c'est une belle orchidée que les navigateurs rapportent du Brésil, du Mexique, de Madagascar et d'Indonésie. Mais c'est la plus répandue des orchidées, une centaine d'espèces : elle se vend donc moins cher. Elle est plus sobre, plus primitive, que les espèces aériennes de l'Himalaya ou des Célèbes. On dit qu'elle sert à soigner les fous et les graveleux, à réveiller les impuissants : seuls les apothicaires s'y intéressent encore.

Pourtant son parfum est exquis, elle peut donner du goût aux desserts. L'idée vient de la commercialiser pour cet emploi. Impossible. Elle ne se reproduit pas à l'île de la Réunion où le lieutenant de vaisseau Philibert l'a amenée de Cayenne en 1819. Les planteurs ne peuvent obtenir de fruits. Les botanistes assurent qu'elle doit être fécondée par une abeille spéciale, qui ne butine pas les fleurs de l'île Bourbon, parce qu'elle y est inconnue. Il faudrait importer des essaims d'abeilles. Survivront-elles sous un autre climat ?

On travaille en laboratoire pour imaginer des procédés de fécondation artificielle des plants de vanille. Les résultats sont décevants, les botanistes piétinent. Ils ont la certitude qu'une pollinisation manuelle est possible, mais ils n'ont pas trouvé la méthode qui permette de la réaliser sur une grande échelle.

Un jeune garçon de douze ans découvre seul la solution. Edmond Albius est esclave dans les plantations françaises de l'île – l'esclavage ne sera aboli par Victor Schoelcher qu'en 1848, sous la Seconde République. Albius est très doué pour les manipulations de plantes. Il réussit une première fécondation. Les colons ne veulent pas y croire. Il renouvelle sa tentative, nouveau succès : le fruit de la vanille se forme rapidement, il grossit, il embaume.

Les colons essayent à leur tour, et manquent leurs expériences. Edmond Albius est le seul à pouvoir féconder la vanille. D'où tient-il ce don ? Est-il sorcier ? On observe de plus près les gestes précis, le tour de main, la rapidité de l'intervention. Pas de mystère. Un botaniste confirme : Albius vient de découvrir le procédé. Il est libéré, encensé, demandé à prix d'or dans toutes les plantations.

Il vient de réussir un exploit. L'île Bourbon, qui devient en 1848 île de la Réunion, exporte déjà cette année-là cinquante kilos de gousses en France. Aussitôt les colons français de Madagascar s'organisent pour planter des vanilliers, les fleurs jaunes embaument la grande île, fournissant en France des gousses. Les Comores, Sainte-Marie se mettent de la partie. Par centaines de tonnes, les gousses de vanille sont débarquées sur les quais de Marseille.

Albius a trouvé en même temps la liberté et la fortune. Il le doit à une orchidée, la plus simple de toutes, mais la plus parfumée, la fleur de vanille.

Le glaïeul cardinal

Il croît au cap de Bonne-Espérance, le glaïeul cardinal. Est-ce un souvenir de Richelieu, qui lançait les navires de commerce sur la route des Indes, pour égaler les exploits des Hollandais ? La route du cap était d'abord portugaise, sous les voiles de Vasco de Gama : elle avait abouti à l'installation de comptoirs aux Indes. Les Portugais, pressés de se rendre à Goa où ils dévastaient les poivriers, n'avaient guère songé à s'installer au Cap. Ils se contentaient d'affronter les tempêtes en abordant l'océan Indien. Leur destin était d'aller jusqu'en Chine.

Les Français y avaient fait relâche, sur la route de Madagascar (où ils avaient tenté une entreprise de colonisation) et de l'île Bourbon. Ils y revinrent après l'abolition de l'édit de Nantes, quand les protestants ne pouvaient plus habiter chez eux, de par la volonté du roi Louis XIV : ils s'étaient enfuis en Hollande et des sociétés de colonisation de ce pays les installèrent dans la province du Cap. En 1652, grâce aux protestants français, les Hollandais avaient ainsi créé au Cap un établissement fixe qui tomba entre les mains des Anglais quand la Hollande fut occupée par Napoléon et transformée en départements d'Empire. Après 1815, la riche colonie du Cap resta britannique.

Les fleurs rouges du Cap n'ont donc rien à voir avec Richelieu, sinon la couleur de sa robe cardinalice. Il se peut toutefois que les glaïeuls, plante spéculative très utilisée pour la décoration des palais et des établissements publics aient été importés d'Afrique du Sud et produits là-bas par les descendants des colons français, quand, sous le Second Empire, commença dans ce pays la ruée sur le diamant qui le mit au centre des spéculations européennes. Les liens avec Londres étaient alors réguliers. Le prince impérial, futur Napoléon IV, engagé dans l'armée anglaise pour combattre les Zoulous avait écrit à sa mère l'impératrice Eugénie, quand il avait débarqué au Cap, pour louer la beauté des paysages, des arbres et des fleurs.

Les glaïeuls rouges du Cap convenaient admirablement à la confection des immenses bouquets républicains qui accueillaient les hôtes du président Félix Faure à l'Élysée. L'homme avait le goût du faste, il aimait recevoir ses hôtes illustres, le tsar et la tsarine de Russie, dans une débauche florale. Les glaïeuls étaient alors l'élément principal dans la confection des corbeilles et des bouquets majestueux, plantes décoratives irremplaçables qui attiraient l'œil et forçaient, grâce aux fleuristes, les intérieurs les plus petits-bourgeois.

Félix Faure, ce Normand, ne pouvait savoir que, dans le Sud resté pauvre, les glaïeuls sauvages étaient la sauvegarde des paysans : en cas de disette, les glaïeuls des moissons, qui poussaient avec les coquelicots dans les champs de blé servaient à confectionner une nourriture pour les animaux : on râpait les bulbes pour en faire une farine que mangeaient les cochons et quelquefois les hommes. La fleur de luxe pouvait être, en même temps, une plante de survie. On raconte que les paysans la portaient en amulette, parce qu'elle conjurait le mauvais sort : ne guérissait-elle pas les écrouelles ?

Le glaïeul rouge du Cap, le glaïeul perroquet du Natal, le glaïeul blanc de Gand sont des fleurs de cérémonie, propres aux mariages et aux falbalas des réceptions. Ils sont aussi la fleur des pauvres, une fleur des champs.

La dame aux camélias

Les deux Dumas, père et fils, se sont intéressés l'un comme l'autre au thème de la dame aux camélias, ces fleurs blanches importées du Pérou qui faisaient fureur sous le Second Empire dans le Paris des soupeurs. Elles ornaient, à la sortie de chez Maxim's, la boutonnière des vieux marcheurs et les boudoirs des demi-mondaines.

Fleurs de serre, fleurs de mort. La dame aux camélias porte déjà les fleurs blanches de son cercueil. Elle est malade à en mourir, de la maladie à la mode, celle qui guette les peintres et les poètes faméliques, Baudelaire couvert de dettes ou Chatterton, le personnage romantique du drame de Vigny. Musset en mourra, à moins que ce ne soit de la syphilis, mais la tuberculose est plus chic : on se consume d'amour, on meurt à petit feu. La maladie donne le teint pâle et le regard brûlant.

Elle sied aux demi-mondaines en mal de repentir. La dame s'appelle Marguerite Gautier. Alexandre Dumas, en mal de sujet, l'imagine sauvée par l'amour du jeune Armand Duval, qui l'arrache au vice et la tient prisonnière de son amour. Mais le père Duval vient voir la fille, pour exiger d'elle qu'elle libère son fils. Magnifique de dévouement, la dame aux camélias lâche sa proie, faisant croire à Armand qu'elle l'abandonne. Désespérée, elle meurt d'une maladie de poitrine, un bouquet de camélias blancs à la main : sa fleur fétiche, celle qui l'accompagne dans son voyage aux enfers.

Car elle est promise à l'enfer, la dame aux camélias. Qu'une demi-mondaine réussisse à inspirer des sentiments d'amour à un jeune patricien paraît à la critique du Second Empire du dernier mauvais goût. Quoi ! On applaudirait à la dissolution de tant de belles familles par le vice porté au rang de genre littéraire ? Le roman est de 1848, année républicaine, où l'on peut porter le fer dans les vices bourgeois.

Mais Alexandre Dumas fils, lui, n'a aucune excuse : il écrit, inspiré par le roman de son père, une pièce de théâtre sur la dame aux camélias. En 1852, année du triomphe de l'ordre et de la vertu, où le prince président, par son coup d'État, est en voie de devenir empereur des Français. Il n'est pas question alors d'encenser le vice, de trouver une beauté coupable à la dame aux camélias ; même si elle est interprétée par les plus grandes comédiennes, la pièce est immorale et devrait être interdite.

Malgré un grand succès sur les boulevards, la pièce est chahutée, vilipendée, considérée comme séditieuse, tandis que *Les Fleurs du mal*, l'admirable poème de Baudelaire, sont aussi condamnées. Sous l'Empire on se méfie des fleurs. Il est vrai qu'elles sont vénéneuses, elles ont la séduction en noir et blanc de ces camélias rares importés du Pérou, fleurs mystérieuses capables d'attirer les jeunes gens vers la mort en développant un parfum subtil, entêtant, mortel.

Quand un régime politique comme celui du Second Empire veut à toute force organiser une dictature morale de la vertu pour plaire à sa clientèle politique catholique, il fait sortir du sol les fleurs du vice, les plus belles, celles qui sont interdites, celles de *La Dame aux camélias*.

VII.

Fleurs de révolte

La révolte aime le rouge ou le blanc, et non les couleurs intermédiaires : la rose ou l'œillet sont les signes privilégiés de la contestation, de la violence, de l'émeute et de la révolution. La fleur est en ce cas symbolique du sang versé, elle est une insulte à la répression.

Les révoltés se reconnaissent au symbole qui les unit dans un cortège passionné. Ils ne se cachent pas, se manifestent au contraire dans la rue, veulent que d'autres les rejoignent, en cueillant à leur tour les roses de la douleur et les œillets de la vengeance. La révolte est offerte à tous, par les rosières de l'engagement. À défaut d'uniformes, les révoltés portent des fleurs.

Il n'est plus question des qualités propres de la rose, de son parfum, de ses formes : seule compte la tache rouge inscrite à la boutonnière, qui atteste le désir de lutter jusqu'au sacrifice, l'offrande d'une vie pour une cause. Depuis les débuts des émeutes urbaines dans les villes d'Occident, les fleurs jouent leur rôle. Elles n'encensent plus les puissants, elles s'offrent par milliers à ceux qui affrontent le pouvoir par la lutte.

La rose rouge est la fleur privilégiée des révoltés, mais elle est aussi la plus rare, la plus chère, elle convient plus aux manifestations organisées qu'aux révoltes spontanées. Quand le peuple se lève, comme le vent, en quelques heures, il se jette sur les œillets pour s'en faire un symbole, des œillets rouges.

Il arrive aussi qu'ils soient blancs, et la couleur prend alors une tout autre signification : l'œillet blanc est celui des minorités royalistes, des « camelots du roi » qui piétinent d'impatience, dans leur hâte de renverser la République, après 1880 en France. Ils s'opposent aux œillets rouges des républicains obstinés, de ceux qui veulent à toute force se passer « de rois et de césars ».

Blanc aussi est le muguet des forts des Halles, insigne de reconnaissance des manifestants du premier mai, qui comptent souvent parmi eux des morts par répression. La fête du mai au Moyen Âge, était celle du printemps, les arbustes et les fleurs que l'on plantait alors évoquaient la jeunesse joyeuse. Le muguet des bois de Meudon ou de la forêt d'Armanvilliers était offert au président de la République, dans les années 1890, en vœu de prospérité pour l'État avant la période des moissons. On souhaitait à la République agricole une bonne récolte.

Le muguet fut détourné de sa première symbolique par l'organisation mondiale du mouvement ouvrier, qui s'empara de la fleur et de son symbole pour exiger, dans des manifestations de masse, la cessation du travail et sa reconnaissance légale, lors de cette première journée de mai, précisément, qui devait être consacrée à la célébration d'une fête des travailleurs.

Quelques fleurs aberrantes, sentimentales, désuètes, vite fanées, se joignent épisodiquement à ce cortège de blanc et de rouge : elles peuvent être roses, ocre ou fauves, poussées dans les murailles lépreuses ou dans les jardins populaires, elles naissent de la mémoire collective, souvent illustrées par des chansons. Elles rappellent lyriquement, presque à voix basse, des épisodes douloureux, des ruptures, des deuils, elles prolongent la nostalgie des journées malheureuses où les héros de la lutte sociale sont morts sous le soleil : elles sont les fleurs de la fraternité.

Dansons la capucine !

La capucine de la comptine est-elle une religieuse, le féminin du capucin ? « Dansons la capucine », disait la chanson. Les capucines avaient-elles jeté leur robe aux orties, abandonné le devoir de clôture pour se lancer dans le tourbillon du Paris révolutionnaire ?

On ne sait, mais la chanson date bien de la fin du XVIIIe siècle où les religieuses capucines existent : un couvent, créé à Paris à l'initiative de Louise de Lorraine, veuve du roi assassiné Henri III, est inauguré en 1604 seulement par la duchesse de Mercœur. Les capucines participaient aux processions publiques avec une couronne d'épines sur la tête : on les appelait les filles de la passion. Leur couvent de la rue Saint-Honoré a été détruit en 1688 par Louis XIV qui voulait aménager la place Vendôme. Elles ont été recueillies dans des nouveaux bâtiments, rue Neuve-des-Capucines.

Les religieuses ne sont plus très nombreuses à la veille de la Révolution. Et leur âge canonique leur interdit sans doute de sortir du couvent et de se mêler aux fêtes populaires. Elles sont une survivance du Paris des saints, celui de Vincent de Paul et de Louise de Marillac. Ce n'est certainement pas elles qui ont donné leur nom à un pas de danse.

Mais les fleurs capucines, importées du Pérou par les botanistes du roi au XVIIIe siècle, pouvaient tout à fait inspirer les violoneux. On les appelait ainsi en raison de leur forme, qui rappelait la petite capuche des religieux. Elles étaient vives comme la flamme pétillante des sarments, poussaient sur les murs, le long des bordures, en parterres joyeux dans les parcs. Faciles à semer, d'une robustesse à toute épreuve, elles pouvaient pousser aux balcons des fenêtres de la rue Saint-Honoré, par où passaient les charrettes de la guillotine, où habitait Robespierre, l'Incorruptible.

Elles avaient assez longtemps participé à la parade mondaine de Versailles et du Trianon, s'affichant aux chapeaux de paille des dames de la Cour quand elles jouaient aux bergères. Les capucines étaient reproduites sur les indiennes, les tissus imprimés, elles étaient à la mode. Les filles de la rue, les jours de fête, s'en piquaient dans les cheveux. Certes, elles aimaient danser la capucine.

Fleurs mondaines, et très vite popularisées, les capucines poussaient partout, ornaient les jardinets les plus modestes. Il suffisait d'en semer des graines pour illuminer un coin sombre, afficher d'un coup l'espoir au printemps. La chanson, pourtant, n'était pas gaie : « Il n'y a plus de pain chez nous ! » La voisine veut-elle partager ? Non point, son pain « n'est pas pour nous ! » À chacun son lot de misère, dans la disette. Le pain est le problème quotidien, aux mois de soudure. Il manque dans les villes, deux ans avant la révolution de 1789. Il obsède les Parisiens, jeunes et vieux. Et si le roi voulait affamer Paris ?

La danse est libératoire : s'il n'y a pas de pain, dansons ! La disette est-elle une raison pour perdre la joie de vivre ? Il suffit de descendre dans la rue, de chanter, de danser tous ensemble, et de demander au roi du pain avec une certaine insistance. Les puissants ne craignent rien tant que les mouvements spontanés de joie populaire : quand les ventres sont creux, ils peuvent tourner brusquement à la révolte : dansons la capucine !

Une rosière étrange

Le rosaire est un collier de roses, chaque rose représentant une prière du chapelet, un grain de rose permettant d'égrener les neuvaines. Le pape Grégoire XIII a instauré la fête du Rosaire pour célébrer la victoire chrétienne de Lépante, au XVIe siècle, contre les Turcs.

Les célébrations de rosières avaient un grand succès, les années qui ont précédé la révolution, dans la France rurale. Une rosière inattendue faillit voir le jour au Théâtre des Arts, opéra national, en 1793, dans une pièce en un acte, écrite par Sylvain Maréchal, sur une musique de Grétry, appelée primitivement *La Fête de la Raison*, ce qui devait plaire aux conventionnels, qui venaient de guillotiner le roi.

Sous le signe de la rose, Maréchal voulait « porter un dernier coup à ce qui subsistait du culte catholique ». Ses propos étaient si violents, si scandaleux, que le Comité de salut public jugea prudent de suspendre la pièce. Elle fut reprise l'hiver suivant, sous le titre de *La Rosière républicaine*, un opéra très engagé.

Qu'on en juge : Vestris, le sans-culotte, dansait la carmagnole avec deux religieuses, un acteur révolutionnaire connu jouait le rôle d'un curé. On célébrait, devant une église fermée, une rosière républicaine. La jeune fiancée du héros Lysis devait recevoir la rose rouge ! Mais qui la lui remettrait ? Un curé républicain se dévouait, les portes de l'église s'ouvraient pour laisser apparaître une statue de la Raison. Le curé jetait son froc aux orties et paraissait en habit de sans-culotte. « Dans le temple de la Raison, chantait-il, et sous les yeux de la Nature, Je viens me mettre à l'unisson et renoncer à l'imposture ? Oui, je reprends ma dignité ! » Il coiffait le bonnet rouge en chantant : « Au diable la calotte, au diable la marotte, je me fais sans-culotte, moi, je me fais sans-culotte ! » Il partait aussitôt pour Rome, où il voulait faire coiffer le bonnet rouge au pape. La bacchanale se déchaînait alors : les danseuses entouraient la majestueuse statue de la Raison poussée par des hercules fleuris dans la direction de Rome, comme pour défier la capitale de l'imposture, selon Maréchal.

Pourquoi cet opéra fut-il censuré ? Robespierre aimait les roses, et les rosières. Le culte de la Raison lui paraissait moins convenable que celui de l'Être suprême. Il aurait approuvé que le dieu de Rousseau couronnât une jeune fille pure d'une guirlande de roses blanches. Il détestait aussi bien l'impiété que les manifestants et pillards anticléricaux qui dévastaient les églises. Il invectivait le député conventionnel Chaumette, l'un des plus enragés bouffeurs de curés non jureurs :

– Non, Chaumette, disait-il à la tribune de l'Assemblée, la mort n'est pas un sommeil éternel ! Citoyens, effacez de vos tombeaux cette maxime impie, gravez-y plutôt celle-ci : la mort est le commencement de l'immortalité !

Décidément l'Incorruptible ne pouvait aimer l'opéra de Sylvain Maréchal. Il n'avait que faire des provocations scéniques. Il souhaitait, du fond de son cœur, que le peuple fût éduqué dans la croyance à un dieu sensible, moral et bon, aussi éloigné que possible des représentations romaines, pour qui Dieu était le patron d'une Église de privilégiés.

La rose-croix des francs-maçons

Les sociétés secrètes émanent toujours de la volonté d'un petit groupe d'hommes de lutter clandestinement contre l'injustice et l'obscurantisme, au nom de la recherche de la vérité et de la liberté. Les rose-croix ont choisi l'emblème mystique de la rose comme signe de ralliement, mais aussi comme indice de leur désir d'approfondissement de la pensée, de la réflexion sur le monde et sur la société.

S'ils sont tenus au secret, c'est pour échapper aux persécutions ou à l'oppression de la pensée dominante, institutionnelle, qui est, au Moyen Âge, catholique et romaine. Les rose-croix sont des croisés, ils croient en Dieu, mais tiennent le pape pour l'Antéchrist et prétendent que son triple diadème sera « réduit en poudre ». La rose qu'ils adoptent pour symbole est celle de la connaissance mystique, intime, du monde, celle qui donne le pouvoir de dominer et de réformer selon la raison.

Ainsi la rose devient le symbole d'un combat souterrain, maçonnique, d'inconnus qui prétendent s'emparer de la domination du monde. Descartes, assure-t-on, rechercha activement les rose-croix en Allemagne, où ils étaient nombreux, sans jamais en rencontrer aucun. Les théosophes anglais comme Robert Fludd, médecin de Londres, étaient très attentifs à leur philosophie, fort connue au début du XVIIe siècle.

Avaient-ils inventé la pierre philosophale, qui permettait de faire de l'or à loisir, et de disposer d'immenses moyens pour chasser des trônes les pouvoirs indignes ? On leur prêtait cette réputation, ainsi que le pouvoir magique de guérir les maladies par la connaissance de la nature. De la sorte, les rose-croix se rapprochaient des alchimistes, spagiristes et autres amateurs de cabale qui fleurissaient au temps d'Henri IV. Parmi eux, des médecins qui militaient pour la liberté de la recherche, comme Paracelse. S'il était alors si difficile de séparer le bon grain de l'ivraie, c'est que la pensée dominante refusait l'innovation qu'elle qualifiait de sacrilège : ainsi Galilée, qui n'était pas rose-croix, fut condamné par les théologiens de Pise, gardiens du dogme.

De la sorte, les rose-croix ne pouvaient manquer d'exercer une certaine fascination sur les chercheurs et savants, dans la mesure où ils se réclamaient de la liberté de la recherche et passaient eux-mêmes pour des chercheurs. Ils sont ainsi l'un des courants qui ont alimenté au XVIIIe siècle la franc-maçonnerie, qui ne se présentait pas comme incroyante, mais déiste à la façon des philosophes.

Cent ans étaient passés. La rose des rose-croix ne faisait plus peur. Le duc d'Orléans accueillait chez lui les maçons, des ecclésiastiques de haut rang entraient dans les loges, organisaient des sociétés de pensée. La franc-maçonnerie avait perdu son parfum sulfureux et les rose-croix gardaient seulement le mystère de leurs origines et de leurs filiations, dans la mesure où ils étaient allemands, ou britanniques, donc excentriques par rapport aux royaumes catholiques et romains. En France, les francs-maçons se répandaient même dans l'Église, ce qui donna à Louis XVI l'occasion de dire de

Loménie de Brienne, qui passait pour un des membres de la secte :

– Il serait bon que l'archevêque de Paris crût en Dieu.

L'œillet rouge de l'Étoile

Rouges sont les œillets à la boutonnière des bousingots, ces jeunes républicains qui ne perdent aucune occasion de manifester sous le règne de Louis-Philippe. Ils enragent d'avoir vu leur révolution de 1830 confisquée par le nouveau pouvoir. Les notables, les bourgeois du journal *Le National*, comme Adolphe Thiers, ont donné le signal de la révolte et ils ont aussitôt mis la République sous le boisseau, pour fabriquer un « roi des Français », un « roi des barricades », disent les vrais royalistes, qui doit désormais faire face à toutes les oppositions.

Celle des bousingots est la plus violente, la plus décidée. S'ils ont choisi de se reconnaître par une fleur, c'est qu'ils partagent le même idéal de justice et de liberté. Ils veulent que le peuple puisse voter et recevoir une instruction gratuite. Ils prétendent en outre que le rôle de l'État est de fournir du travail à tous et d'organiser l'assistance : des idées révolutionnaires, mal reçues par les bourgeois caricaturés par Daumier et Gavarni, qui n'ont d'yeux que pour la cote des valeurs à la Bourse. Ceux-là ont approuvé Thiers, quand il a couvert le massacre des ouvriers de la rue Transnonain, ou de Casimir

Périer disant, après la répression de l'émeute des canuts à Lyon :

– Il faut que les ouvriers sachent bien qu'il n'est de remède à leurs maux que la patience et la résignation.

Les bousingots ne sont pas résignés. Ils se lèvent de grand matin, le 29 juillet 1836, pour siffler le roi Louis-Philippe qui inaugure ce jour-là l'arc de triomphe de l'Étoile. Ils ne sont pas seuls : les vieux bonapartistes, les anciens des campagnes de l'Empire, jugent indécent qu'un Orléans ose se parer de la gloire de Napoléon, qui a décidé la construction du monument.

Louis-Philippe ne paraît pas ce jour-là. Thiers, son Premier ministre l'en a dissuadé :

– Vous n'allez pas, lui a-t-il dit, compromettre à nouveau la fortune du pays !

Thiers s'y est rendu, en personne. On vient de guillotiner Fieschi, Pépin, Morey, les auteurs de l'attentat du boulevard du Temple qui a tué quarante-deux personnes et mis en danger la vie du roi. Les policiers en civil infiltrent les rangs des manifestants, désignant les meneurs à leurs collègues qui les arrêtent aussitôt.

Les Bastide, les Blanqui, les Barbès sont furieux : Thiers est le meilleur chien de garde de la monarchie. Il ose braver le peuple en paraissant à sept heures du matin place de l'Étoile. Les républicains doivent se disperser très vite. Seuls quelques anciens grognards crieront ce jour-là : « Vive l'empereur ! » Ils ne gênent en rien le ministre, encore moins le roi, qui a négocié le retour des cendres de Napoléon.

En un quart d'heure, tout est terminé. Adolphe Thiers est reparti. L'arc de triomphe de l'Étoile vient d'être inauguré à la sauvette. La *Marseillaise* de Rude regarde ces jeunes gens poursuivis par les argousins qui arborent l'œillet rouge à la boutonnière. Ils seront beaucoup plus nombreux en février

1848, et porteront alors des fleurs de sang, sur la charrette des martyrs de la révolution républicaine.

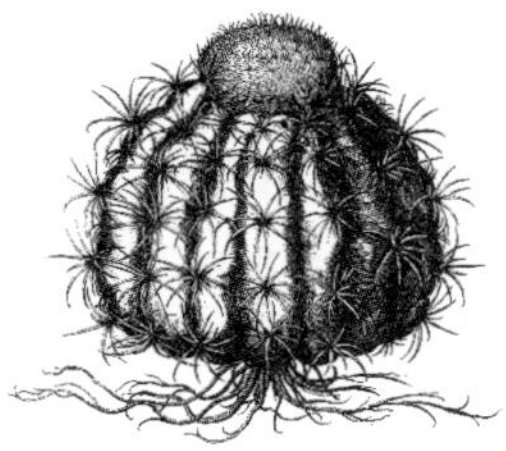

Fleurs de cactus

Rouge est la fleur des cactus géants du Mexique : elle donne sa couleur au drame de l'exécution de l'« empereur » Ferdinand, immortalisée par un tableau de Manet.

Les cactus sont immenses, majestueux, impitoyables : leurs tiges en forme de colonnes cannelées les plantent dans le décor aride du sacrifice. Les fleurs rouges qui s'éclatent au soleil annoncent la mort.

Juarez, le chef de la révolution mexicaine, a décidé de ne pas accorder le pardon à Maximilien d'Autriche, fait, par la grâce de Napoléon III, « empereur » du Mexique. Le frère de Maximilien, l'empereur François-Joseph, est intervenu auprès du gouvernement américain, qui aide alors la révolution mexicaine, pour que Maximilien soit gracié. Mais Juarez a tenu bon : l'empereur fantoche doit mourir.

Il avait longtemps hésité à quitter sa résidence somptueuse du château de Miramar, sur la côte triestine, avant d'accepter la proposition de l'empereur des Français, qui rêvait d'installer sur la Méditerranée américaine un « empire latin » pour balancer la puissance montante des États-Unis. On l'avait assuré qu'il n'occuperait le trône que sanctifié par des élections libres, et que la pacification du pays par le général français Bazaine était presque terminée. En fait, Napoléon III ne songeait qu'à retirer ses troupes : s'il plaçait un empereur au Mexique, c'était pour se dégager.

Sans les Français, Maximilien n'était rien, et Juarez le lui fit savoir. Quand la situation s'alourdit au Mexique, au point de rendre toute présence étrangère problématique, il eut la dignité de ne pas suivre les Français qui rembarquaient sur leur flotte. Il prétendit livrer bataille à Juarez avec une armée d'opposants mexicains, compromis avec les Français, dont la fidélité était douteuse. Les généraux conservateurs à son service levaient en effet des soldats de force dans les villages : aux premiers coups de feu, ils risquaient de déserter.

Enfermé dans la ville de Quetaro, l'empereur Maximilien et ses officiers durent se rendre ; ils n'avaient pas les moyens d'échapper à leurs adversaires. Les dix mille hommes qu'ils commandaient s'étaient battus parfois avec vaillance, mais beaucoup s'étaient ralliés à Juarez, dont on savait qu'il fusillait sans pitié les prisonniers.

La justice révolutionnaire, réunie par Juarez, appliqua la « loi mortuaire », que Maximilien lui-même avait promulguée contre les rebelles. Le malheureux prince catholique d'Autriche fut condamné à mort par un colonel et six capitaines mexicains.

Le 19 juin 1864, Maximilien fut fusillé à Quetaro, son corps étendu sur le sol à l'ombre des cactus géants, dont les fleurs rouges témoignaient du drame. Il fut chargé sur la frégate autrichienne *Novara*, ramené à Trieste, inhumé à Vienne au couvent des capucins. Les roses blanches de la chapelle funéraire ne faisaient pas oublier à l'impératrice, née Charlotte de Saxe-Cobourg, fille du premier roi des Belges, l'horreur des fleurs de cactus, celles qui annoncent les drames de sang.

Les roses rouges d'Adolphe Thiers

3 septembre 1877. Gambetta, le républicain héroïque, apprend la mort de Thiers, qui a réprimé dans le sang l'insurrection de la Commune. Il décide aussitôt que les républicains suivront le cortège du vieux leader orléaniste et lui offriront une gigantesque couronne de roses rouges.

On aurait attendu plutôt des lys ou des orchidées. Mais l'ancien Premier ministre de Louis-Philippe s'était arrangé pour tomber à gauche. Il avait tenu en réserve le régime incertain qui s'était installé en France après 1871, il avait écarté adroitement toute tentative de restauration de la monarchie, se réservant sans doute d'être élu président de la République française.

Le président en poste à l'Élysée était alors le maréchal de Mac-Mahon, qui venait, le 16 mai, de renvoyer sans vote de la Chambre le cabinet du républicain très modéré Jules Simon, puis, le 16 juin de dissoudre la Chambre pour organiser de nouvelles élections. Il usait du droit de dissolution qui lui était reconnu par la constitution de 1875. Les républicains avaient trouvé son initiative indécente et l'accusaient de fomenter un coup d'État.

Ils devaient repartir dans leurs circonscriptions, faire la preuve qu'ils étaient la majorité du pays, livrer une âpre bataille électorale dans des conditions difficiles, car les préfets étaient aux ordres de Mac-Mahon et ne ménageaient pas les candidats de Gambetta qui avait lancé de son banc au prince de Broglie, l'ami de Mac-Mahon, le président du Conseil qui avait, à l'instigation du maréchal, remplacé le républicain Picard :

– Un cri a traversé la France, c'est le gouvernement des prêtres, le ministère des curés ! Vous vous appelez la contre-révolution !

Dans ces conditions, les roses rouges qui cachaient le cercueil de Thiers exprimaient la volonté politique des républicains de se servir de sa mémoire pour gagner la bataille électorale. « La République sera conservatrice ou ne sera pas », disait Gambetta à ses proches. En se réclamant de Thiers, il attirait l'électorat du centre, celui des campagnes, il le rassurait, en quelque sorte : l'image de Thiers, qui avait libéré le territoire en payant aux Allemands la lourde indemnité de guerre qu'ils exigeaient, était respectée, quelquefois vénérée en province. Il passait pour un bienfaiteur de la patrie.

Mais il fallait se distinguer des réactionnaires monarchistes qui suivaient aussi son convoi : les fleurs rouges n'étaient pas celles de la Révolution, de la Commune, mais de la République impatiente de s'installer : elles s'opposaient aux lys de l'archevêché, aux œillets blancs du président du Conseil de Broglie.

Les républicains dominaient dans la foule qui suivait le convoi. Barbus, la poitrine ceinte d'une écharpe tricolore, l'œillet rouge à la boutonnière, ils donnaient au public le spectacle de l'union. Victor Hugo montrait sa barbe blanche au premier rang des manifestants. Il était, lui aussi, devenu républicain. Ce jour-là, la couronne de roses rouges de l'enterrement de Thiers symbolisait l'avenir : quelques jours plus tard, les républicains emportaient les élections. Adolphe Thiers l'avait sans doute prévu.

Les œillets blancs de Boulanger

27 janvier 1889. Paris s'est réveillé de bonne heure, car c'est jour d'élection. Des cortèges de jeunes gens coiffés d'un chapeau noir, œillet blanc à la boutonnière, se dirigent vers la place de la Madeleine et se rassemblent devant le restaurant Durand. En face, leurs adversaires républicains, devant le restaurant Larue.

Le général Boulanger, qui veut investir la République, est candidat contre un certain Jacques et contre le révolutionnaire Boulé, dont les partisans portent une églantine rouge. La bataille s'annonce mal pour la République. Clemenceau, à son journal *La Justice*, glisse à un collaborateur, ancien communard déporté avec Louise Michel en Nouvelle-Calédonie :

– Vous qui êtes allé à Nouméa, racontez-nous un peu la vie que vous meniez là-bas. Ça peut nous servir !

Les boulangistes sont déchaînés. Ils rassemblent les royalistes, une poignée de radicaux dévoyés comme Naquet, des bonapartistes, des hommes de toutes les familles de la droite qui ne rêvent que de tuer « la gueuse » : ainsi appellent-ils la République. Une série de scandales a discrédité le personnel républicain, en particulier Jules Ferry. Boulanger se présente comme un homme d'ordre, capable de rétablir la vertu.

– J'ai son portrait dans mon paquetage. Je ne m'en cache

pas, dit un adjudant du 32e d'infanterie, un régiment dont on attend qu'il assure l'ordre si Boulanger veut marcher sur l'Élysée.

On n'est pas très sûr, au gouvernement, que la troupe et même la garde républicaine ne marchent pas pour lui. Pourtant il ne se montre pas, ne harangue pas ses partisans devant le restaurant Durand. Paul Déroulède, le chef de la Ligue des patriotes, lui demande en vain de paraître au balcon. Il refuse. Il a choisi la voie légale. Il ne veut pas d'un coup d'État.

Quand les résultats tombent à minuit, il est largement en tête avec deux cents mille voix. De nouveau les œillets blancs s'agitent sur la place de la Madeleine. Le ministre de l'Intérieur est inquiet. Le préfet de police rassemble ses troupes. Le président de la République Sadi-Carnot convoque le gouvernement.

Un des grands journalistes de Paris, Mermeix, va voir le général pour lui dire :

– Dites un mot, mon général, nous marchons, ordonnez !

La foule crie : « À l'Élysée ! » Le général ne paraît toujours pas. Une voiture l'emmène à deux heures du matin boulevard Malesherbes.

– Il est allé se coucher, dit au président de la République le préfet de police, et il ajoute : avec une dame.

– Il nous donne le bon exemple, dit Sadi-Carnot. Allons nous coucher aussi.

Au petit matin, les balayeurs ramassent à la pelle les œillets blancs tombés des boutonnières : le boulangisme est mort. Poursuivi par le pouvoir, le général devait s'enfuir à Bruxelles, déposer des roses blanches sur la tombe de sa maîtresse, Mme de Bonnemain, avant de se suicider d'un coup de revolver, « comme un sous-lieutenant », commentera Clemenceau. Le coup d'État des œillets blancs a échoué.

Les églantines rouges de Fourmies

Les ouvriers se préparent à célébrer le 1er mai dans la région minière et textile de Fourmies, en 1892. Ils portent une églantine rouge à la boutonnière. Les femmes ont des coquelicots à leurs corsages. Elles sont descendues dans la rue, avec leurs enfants endimanchés. L'atmosphère est à la fête.

Pourtant le préfet est inquiet, en cette période de troubles sociaux et de grèves révolutionnaires. On lui a signalé dans la cité aux briques luisantes d'Avesnes, toute proche, le passage du socialiste Lafargue, le gendre de Karl Marx. Un groupe socialiste s'est formé dans la petite communauté de Fourmies où les curés enregistraient jusque-là mille deux cents communions d'hommes au cours d'une retraite. Un vent nouveau se lève, et la société des notables craint le pire.

Les patrons, pour intimider les ouvriers, annoncent l'ouverture des usines le 1er mai. Le maire s'est assuré qu'il obtiendra des secours. Le préfet a demandé l'intervention des gendarmes à cheval et de compagnies des 84e et 145e d'infanterie. La ville de Fourmies est occupée par les pantalons rouges. On fait bon accueil aux soldats, recrutés dans la région. On promène dans la rue, selon la tradition, un arbre de mai.

Les grévistes défilent ainsi, applaudis par la foule qui se joint au cortège. Ils tentent de débaucher leurs collègues de l'usine de la Sans-Pareille, qui se sont rendus au travail. Les gendarmes s'y opposent et les bagarres éclatent. Les ouvriers jettent des pierres aux gendarmes.

Deux ouvriers sont arrêtés, menottes aux mains. Leurs camarades en colère assiègent la mairie. Un cortège se forme devant la porte. À sa tête, une jeune fille de dix-neuf ans, Marie Blondeau, et un conscrit de l'année porteur d'un drapeau tricolore. Ils veulent ainsi montrer qu'ils ne sont pas des révolutionnaires, qu'ils demandent seulement la justice et l'apaisement : ils veulent obtenir la libération des prisonniers. Les soldats croisent la baïonnette. On leur jette des pierres. À soixante mètres, les nouveaux fusils Lebel se déchargent au commandement des officiers : on relève sur le sol quatre-vingts victimes, dont Marie Blondeau. La colère gagne aussitôt le pays.

Quand on les enterre, trente mille personnes défilent, drapeau rouge en tête, églantine à la boutonnière. La troupe prend position, contient le cortège, tire des salves en l'air, menaçante. La foule défile en silence. À la Chambre des députés, le parlementaire Roche brandit une chemise ensanglantée d'une des victimes de Fourmies. Pour la première fois, l'armée a tiré sur des manifestants.

– C'est le quatrième État qui se lève et qui arrive à la conquête du pouvoir, avertit Clemenceau. Qui pourrait soutenir ici, ou devant l'Europe, devant le monde civilisé, que les faits qui se sont passés à Fourmies avant la fusillade justifient la mort de ces femmes, de ces enfants, dont le sang a pour si longtemps rougi le pavé. Il y a quelque part sur le pavé de Fourmies une tache de sang innocent qu'il faut laver à tout prix. Prenez garde ! Les morts sont de grands convertisseurs, il faut s'occuper des morts !

Quand le soir tombe sur Fourmies, les églantines sont

fanées. Une blessure s'est ouverte. Il faudra près d'un siècle pour la cicatriser.

Le muguet de la paix

1er mai 1919 : les ouvriers qui se rassemblent dans les rues de Paris sont, pour beaucoup, des anciens combattants, d'autres des grévistes des usines d'armement militants socialistes minoritaires, convaincus que la révolution en Russie doit se répandre dans toute l'Europe. Mais le gros des bataillons célèbre la paix, exige une paix de justice, suit le président américain Wilson, et non pas Lénine.

Pour la première fois, les hommes portent à la boutonnière un brin de muguet. Ils ont abandonné l'églantine ou le coquelicot, ils sont fleuris en blanc. Est-ce bon signe ? Clemenceau au pouvoir, qui vient de leur accorder le 25 avril la journée de huit heures, est méfiant. Il sait que les bolchevistes ont des représentants en France, que l'arsenal de Brest s'est presque mutiné, que les ouvriers parisiens, ses vieux adversaires, ne sont pas désarmés et que la manifestation risque d'être dure, après quatre ans de guerre. Les précédentes grèves politiques de 1917 et 1918 ont été réprimées avec la plus grande dureté. Les leaders syndicaux ne s'attendent pas à des cadeaux.

Le Tigre craint des troubles et n'est pas dupe des bouquets de muguet qui se vendent sur les boulevards. La fête ne sera pas blanche, mais rouge, comme par le passé. La situation ne porte pas la classe ouvrière à l'indulgence pour le gouvernement de guerre. Clemenceau s'est hâté de faire voter au Parlement la loi des huit heures parce que tous les pays de l'ouest de l'Europe redoutent la contamination du bolchevisme. Il a voulu désarmer, une fois de plus, la classe ouvrière, rétablir la paix sur le front du travail.

Les syndicats ont triplé depuis la signature de l'armistice. Le parti socialiste a vu ses effectifs quadrupler. La fraction minoritaire exige la reconnaissance de la IIIe Internationale, c'est-à-dire du régime bolcheviste. Le retour des soldats a engendré un chômage croissant et les salaires n'ont pas été alignés sur le coût de la vie. Les prix des denrées flambent. La production nationale a été désorganisée par la guerre et les flottes alliées ne peuvent assurer le ravitaillement en quantités suffisantes. L'Europe entière meurt de faim. Les Parisiens et les Londoniens ont des tickets de ravitaillement. Pour soulager les plus pauvres, le ministre du ravitaillement a dû installer sur les boulevards des « baraques Vilgrain » qui distribuent des vivres à prix fixes et limités, et cassent les spéculations des « mercantis ».

La grève semble donc légitime. Les syndicats ont donné des consignes de grève générale pour imposer un changement de politique. Clemenceau a rassemblé des troupes dans Paris, pour ne pas être surpris. Il veut protéger la Chambre et les ministères contre toute agression.

Même si les ouvriers arborent des brins de muguet, ils sont décidés à manifester sans entraves. Les premiers heurts sont brutaux, tragiques, particulièrement place de la Concorde. On relève deux morts et plus de sept cents blessés sur le pavé de Paris. Le muguet est taché de sang.

Les cent fleurs de Mao Zedong

Les chrysanthèmes, les œillets, les roses, les lotus, les fleurs de cerisier et de prunier sont brandis par des dizaines de millions de Chinois et de Chinoises en ce printemps de 1957. Le 27 avril, la campagne des Cent Fleurs est lancée en Chine populaire par le président Mao Zedong. Nul ne peut s'y dérober, tous doivent suivre le mouvement comme ils suivent, chaque année Mao, quand il se baigne dans le Yang-tsé-Kiang. N'est-il pas le poisson pilote de la plus grande révolution du monde ?

Pilote, il l'est depuis l'origine, depuis la Longue Marche, l'auteur du *Petit Livre rouge*, sorte de bible communiste à l'usage de tous les habitants du monde. Car le communisme chinois est devenu prosélyte, il veut rallier, dans les années 50, les pays sous-développés nouvellement indépendants. Il est donc essentiel que le régime réussisse en Chine d'abord, pour constituer un modèle exportable.

Depuis la mort de Staline en 1953, le krouchtchévisme apparaît comme une tentative de rectification qui s'efforce de donner plus de souplesse, de liberté au système. À la suite, Mao Zedong lance la campagne des Cent Fleurs. Qu'elles sortent de la terre de Chine, les fleurs de la rectification, de la critique, de la remise en question ! Deng Xiaoping sort de l'ombre où il était tenu par le régime, développe ses thèses jusque-là interdites devant les assises du parti communiste. Une Ligue de la jeunesse animée par Hu Yaobang, un ami de Deng Xiaoping, exige la fin de la dictature communiste. Les murs des universités se couvrent d'inscriptions improvisées, les étudiants discutent à perte de vue des réformes nécessaires pour le salut de la révolution.

Brusquement le vent tourne. Les Cent Fleurs sont brisées d'un coup par la tempête. En juin 1957, le parti annonce la décision de Mao Zedong de mettre en cause la campagne : le parti réclame un changement de ligne, dénonce les « droitiers », emprisonne les étudiants, les intellectuels, les ouvriers et les paysans qui ont eu l'imprudence de cueillir les fleurs offertes par Mao.

Les étudiants sont les premiers frappés : trois mille quittent Shanghai pour construire dans des provinces éloignées des bâtiments ruraux. Trois opposants sont exécutés à Hanyang devant dix mille personnes. Douze mille six cents étudiants de Pékin sont envoyés pendant les vacances ramasser le fumier dans les fermes d'État.

Au moment où la Russie s'efforce de se dégager du stalinisme, la pensée dure de Mao Zedong, stalinisme à la chinoise, s'affirme au contraire avec force. Les étudiants sont les premières victimes de ce retour au centralisme autoritaire. Ils sont les premiers persécutés. Cela leur apprendra à vouloir briser le cours de la dictature révolutionnaire avec des fleurs.

La révolution des œillets

La révolution portugaise de mai 1974 semble pacifique. Elle a mis fin à la dictature du gouvernement Caetano qui a succédé à la très longue dictature du docteur Oliveira de Salazar, le Franco de Lisbonne, un économiste devenu despote éclairé, qui prétendait assurer le décollage économique de son pays dans une absence totale de liberté.

Le mouvement d'émancipation des colonies africaines du Portugal avait surpris le docteur Salazar qui voulait à tout prix que son pays reste présent en Afrique. L'armée portugaise avait donc dû faire face, pendant des années (depuis 1961) à de sanglantes opérations de pacification contre un adversaire organisé, encadré, soutenu de l'étranger et bien décidé à marcher jusqu'à l'indépendance. Les jeunes Portugais devaient assurer un service militaire de quatre ans et ils étaient en Afrique confrontés avec la violence, l'extermination des villages rebelles, l'emploi de la torture. Cette guerre était devenue très impopulaire, mais nul ne pouvait protester en raison de la censure, de l'absence d'élections libres et de l'encadrement policier de la population.

La situation économique, malgré les efforts du docteur Salazar, s'était dégradée progressivement, jusqu'à obliger les Portugais à émigrer pour survivre. Le retour périodique au pays des ouvriers du bâtiment ou des usines frottés de syndicalisme en France ou en Italie rendait difficile le muselage de l'opinion, de plus en plus désireuse de changer de régime.

La révolte des capitaines avait éclaté pendant l'été de 1972, à la douzième année d'opérations. Elle tenait à l'absence totale de politique des commandants de l'armée et des ministres de Lisbonne : les seules consignes étaient de tenir à tout prix. On voyait de moins en moins l'issue des combats. L'armée s'épuisait et les pertes étaient sensibles d'une année à l'autre. Les généraux eux-mêmes étaient gagnés par le scepticisme.

Le gouvernement de Caetano, héritier de Salazar, avait limogé les généraux Costa Gomez et Spinola, les chefs d'état-major de l'armée, parce qu'ils n'étaient plus d'accord avec la politique coloniale. La révolution des œillets à Lisbonne a mis fin à sa dictature. Le « mouvement des forces armées » a organisé une manifestation pacifique dans les rues de la capitale, jonchées d'œillets rouges et roses. Les Portugais affirmaient ainsi la volonté de vivre désormais en démocratie.

Instant de joie, d'euphorie : les œillets promettent la fin des opérations en Afrique, le retour des soldats épuisés dans leurs foyers, mais aussi l'instauration au Portugal d'un régime de liberté comparable à celui que les ouvriers portugais émigrés connaissent en France, en Allemagne ou en Italie. La police politique, la redoutable PIDE, est dissoute, la censure de la presse abolie ; les partis politiques apparaissent au grand jour : le parti socialiste de Mario Suares et le parti communiste d'Alvaro Cunhal. Les généraux, les colonels et même les capitaines créent un grand nombre de mouvements politiques et se présentent aux élections.

La situation devait rapidement se décanter, et la vie politique suivre son cours, oubliant le romantisme de la révolution des œillets. En histoire, le langage des fleurs n'est jamais entendu très longtemps.

Les marguerites de Charles de Gaulle

Les Champs-Élysées sont, depuis la Seconde Guerre mondiale, devenus le lieu d'illustration du gaullisme. Le général descend l'avenue à pied le jour de la Libération de Paris, suivi par les membres du conseil national de la Résistance. Il y passe en revue la nouvelle armée française. Il y revient encore, après son retour au pouvoir en 1958.

Quand Paris apprend sa mort, survenue à Colombey-les-Deux-Églises le 9 novembre 1970, c'est d'abord la stupéfaction. Le général s'était retiré du pouvoir l'année précédente, après l'avoir exercé pendant onze ans. Il avait saisi l'occasion d'un référendum défavorable sur la décentralisation et la réforme du Sénat pour partir.

En réalité, il estimait son œuvre achevée, et les changements qui se manifestaient dans le monde depuis 1968 lui faisaient apercevoir l'aube d'une nouvelle époque, qui n'était plus la sienne. Il était brusquement sans prise sur le cours de l'Histoire. Les caméras de télévision l'avaient représenté parcourant en manteau noir la lande irlandaise, suivi de son épouse. Il avait décidé de s'abstenir, de se retirer pour mourir. Il n'acceptait pas une présence au pouvoir amoindrie. La vieillesse, ce « naufrage », l'assaillait de trop près. À soixante-dix-neuf ans, il connaissait trop le pouvoir et ses dures nécessités pour accepter de l'exercer sans avoir la plénitude de ses forces. Puisque la camarde le guettait désormais, il l'attendrait dans le silence des grands bois de la Marne. Il ne se laisserait pas surprendre.

Les Parisiens aimaient de Gaulle. Ils avaient eu l'occasion de reconnaître son courage physique. Ils l'avaient maintes fois acclamé sur les Champs-Élysées. La radio leur a dit qu'il serait enterré à Colombey, auprès de sa fille Anne, qui l'attend dans la tombe depuis 1948.

Rien ne se passe à Paris, personne n'a imaginé de cérémonie le jour même de la mort du grand homme. Les pouvoirs publics s'organisent comme ils peuvent. Les funérailles auront lieu à Colombey. Mais la capitale se doit de s'y associer.

La foule n'attend pas. Les marguerites affluent sous l'Arc de Triomphe. Les gens quittent leur logis, malgré la pluie, pour se retrouver ensemble en ce lieu où ils ont si souvent acclamé le chef charismatique de la Résistance.

Les marguerites sont des fleurs du chemin, de celles que l'on trouve dans les champs, comme les coquelicots. Elles peuvent fleurir sur les terrains vagues, dans les débris des zones, les décharges des villes. Rien ne les rebute, elles s'accrochent au moindre lopin. Un peu de terre leur suffit, comme aux giroflées.

En fait ces fleurs sont complexes : leurs fausses étamines jaunes, qui en occupent le centre sont une nouvelle fleur installée dans la première, aux longs pétales blancs. C'est, dit Jean-Marie Pelt, « une république de fleurs, toutes solidaires [1] ». Quoi de plus gaullien que cette vision de gloire, offerte par la fleur la plus répandue en France, par le rassemblement de fleurs aux tâches complémentaires, qui, loin de se combattre, ont choisi de vivre ensemble.

Malraux évoque cette montée des marguerites vers l'Étoile,

1. Jean-Marie Pelt, *Fleurs, fêtes et saisons*, Paris, Fayard, 1988, p. 196.

au jour de la mort du Général. La France n'en avait pas apporté en ce lieu, dit-il, « depuis la mort de Victor Hugo ». Une vieille femme veut franchir le cordon de police hâtivement constitué. Une paysanne en châle noir, « comme celles de nos maquis de Corrèze ». Elle porte à la main un bouquet de marguerites.

– Pourquoi est-ce qu'on ne veut pas me laisser passer ? Il a dit : tout le monde !

Et Malraux d'intervenir aussitôt :

– Vous devriez la laisser, ça ferait plaisir au général ; elle parle comme la France.

VIII.

Fleurs de guerre

Les guerres sont fertiles en histoires de fleurs : elles expriment, dans un langage universel, les espoirs, la colère, l'amertume, le désir de résistance, l'hommage aux disparus, la tristesse des séparations, l'espoir fou de la paix. Elles accompagnent les mobilisés dans leur exil forcé sur les lieux les plus inhospitaliers du front, elles les y rejoignent régulièrement par lettres.

Les cartes postales de la Première Guerre mondiale regorgent de portraits de femmes environnées de fleurs. L'association est constante. Les fleurs sont les pensées, les baisers, les désirs, les sentiments des femmes. Qu'elles arrivent séchées dans une lettre est la preuve d'un amour constant, qui réconforte, qui peut à l'occasion sauver. Le moral des hommes est si bas qu'un rien peut entretenir l'espoir. Ce rien peut être une fleur des champs.

Les fleurs du départ sont joyeuses, on les lance aux soldats en signe de confiance, d'espoir de retour rapide, de victoire peu coûteuse. On offre des fleurs, tout au long des chemins, à ces hommes fourbus qui montent en ligne. Ils préfèrent de l'eau, ou du vin, mais ne repoussent jamais les bouquets des filles. Leur langage est celui de la chaude amitié : on les aime, ces soldats qui marchent aux frontières, ils sont les nôtres. Il faut qu'ils sachent que l'espoir du pays les accompagne. Les fleurs disent tout cela à Berlin comme à Vienne, à Rome et à Paris.

Les fleurs peuvent avoir un autre langage, celui de la résistance, quand tout autre discours est interdit. Elles deviennent autant de symboles de liberté, de signaux de reconnaissance entre ceux qui refusent l'oppression, qui sont prêts à reprendre les armes ; fleurs de la Seconde Guerre, celle de la plus longue occupation. Elles ornent les tombes des fusillés, mais aussi celles des ancêtres de 1914-1918 : elles affirment la permanence d'une volonté de défendre la patrie. Ce que les journaux ne disent pas, ce que la radio tait sur ordre de l'occupant, les fleurs peuvent le dire. On ne peut les empêcher de parler.

Ni de transmettre, à distance, le sentiment. Le soutien des familles aux soldats perdus, emprisonnés, éloignés, isolés parfois dans les lieux les plus inhospitaliers, les plus inhumains. La fleur est d'espoir, de fraternité. Elle ne recouvre pas seulement les dépouilles des fusillés, elle touche en leur retraite les prisonniers des camps de redressement des steppes mortelles de l'Est, les blessés des hôpitaux abandonnés à leur sort parce que l'on ne sait pas les soigner, parce qu'ils ont été gazés, les gueules cassées de la Grande Guerre, ceux qui souffrent dans leur chair de l'atrocité du conflit.

Il y a ceux qui n'ont pas de fleurs, parce qu'elles ne poussent pas dans la neige et la boue, parce qu'ils attendent la mort, isolés dans les camps, parce qu'ils ne peuvent rien recevoir ni rien espérer. La fleur est présente dans leur cœur. Ils expriment dans leur retraite angoissée, dans l'antichambre de la mort collective, cette floraison qu'ils dessinent maladroitement sur les murs, charbonnent sur des bouts de papier, se récitent à eux-mêmes ou pour leurs compagnons d'infortune sous forme de poèmes improvisés dans la nuit glacée de Pologne. Ces fleurs sont les plus belles : elles n'ont pas besoin de soleil pour fleurir. Elles sortent des lèvres des martyrs.

La fleur au fusil

La fleur au fusil, traditionnellement, c'est l'image du départ des pantalons rouges au front en août 1914. On leur jetait des roses à la gare, ils ramassaient les fleurs et glissaient une rose pomponnette dans le canon de leur fusil, pour rendre le défilé plus gai.

Car il n'était pas joyeux, le départ aux armées. Les dernières fleurs qu'avaient vues les mobilisés étaient les bleuets qui fleurissaient, avec les marguerites, dans les champs de blé qu'ils avaient moissonnés. Un Français sur deux, en 1914, vivait encore à la campagne, des travaux des champs. Souvent les moissons n'étaient pas achevées. Les femmes avaient dû rentrer les bottes de paille, pour éviter qu'elles ne fussent gâchées par les orages. Non certes, ce n'était pas la joie, la larme à l'œil plutôt.

À Paris, des manifestations étaient organisées pour donner du moral à la nation. Les photographes de presse immortalisaient le départ des pantalons rouges couverts de fleurs par la population. On pouvait lire dans *Le Figaro*, dans *Le Gaulois*, dans *La Liberté*, des reportages enthousiastes sur le moral des soldats qui ne faisaient qu'un avec le désir du pays d'être défendu et d'emporter rapidement la décision.

On assurait que la guerre serait courte et facile, que Berlin était à quelques étapes. La supériorité des alliés était telle, grâce aux Russes et aux Britanniques, que l'armée allemande serait très vite anéantie. Il n'y avait donc aucune raison de pleurer : les soldats avaient de la chance d'écrire une page de gloire. Ils entreraient, demain peut-être, dans Mulhouse, Metz et Strasbourg libérées. La première campagne prévue par Joffre, le généralissime des armées françaises, était effectivement une offensive contre la Haute-Alsace. L'heure de la revanche avait sonné. Fleurir les soldats qui rapporteraient à la France les « petites sœurs jumelles », l'Alsace et la Lorraine volées par l'ennemi en 1871, était un devoir pieux, dont aucun Français ne pouvait se dispenser.

Fleuris, ils l'étaient, non pas pour des motifs de gloriole patriotique, mais parce que les gens voulaient manifester leur solidarité dans le malheur. Les derniers souvenirs des futurs poilus dans les wagons à bestiaux qui les emmenaient aux premières batailles étaient les visages bouleversés de leurs épouses, les pleurs des enfants. Ils avaient déjà, au premier jour, l'image du désastre de la guerre qui signifiait isolement, séparation, drame escompté. Beaucoup de partants apercevaient distinctement les horizons de cet avenir qui ne chantait pas. S'ils ne pouvaient encore imaginer la guerre de tranchées, ils savaient que les armes modernes, le canon sans fumée à tir rapide, la mitrailleuse et le fusil à culasse, étaient capables de tuer un grand nombre de soldats en très peu de temps. Ils ne pouvaient pas savoir qu'un sur dix seulement des mobilisés de 1914 reviendrait indemne après le 11 novembre 1918.

À Berlin aussi on criait : « À Paris ! » Et à Munich, et à Hambourg. En quatre ans, soixante-cinq millions d'hommes chargeraient le sac du soldat, d'un bout à l'autre de l'Europe, de l'Atlantique à l'Oural et au-delà des mers en Grande-Bretagne et dans les Dominions, plus tard aux États-Unis.

Les Australiens, les Néo-Zélandais viendraient mourir à Cambrai comme les Canadiens. Il y avait des fleurs pour tout le monde. Des fleurs funéraires.

La giroflée rose

Clemenceau aimait les fleurs, mais il aimait d'abord les hommes. Président du Conseil depuis le 16 novembre 1917, à l'âge de soixante-seize ans, il prenait sur son temps officiel pour se rendre dans les tranchées, pour visiter les soldats. Plus la situation était dramatique, plus il voulait voir de ses yeux la misère des hommes.

Il était adoré des poilus qui l'appelaient familièrement « le Tigre ». Pour eux, il était celui qui tenait en laisse les politiciens phraseurs, qui exigeait des mesures efficaces pour les hommes du front, qui tenait tête aux généraux impérieux et limogeait les incapables. Il était l'ami du soldat et entretenait l'amitié par des visites fréquentes, aux postes les plus menacés, sans égard pour le danger.

Un jour à Verdun, un officier qui le conduit dans les boyaux lui dit qu'il ne peut pas aller plus loin : l'ennemi est à cinquante mètres. Il faut se retirer, la position est dangereuse. Clemenceau fait fi de cet avis :

– Que voulez-vous qu'il m'arrive de mieux à mon âge, dit-il, que de mourir ici ?

Alerte et allègre, il promettait la victoire. Il n'avait rien d'autre à promettre. Comment pouvait se terminer autrement cette guerre qui avait déjà fait plus d'un million de morts, au début de ce mois de juillet 1917 où Georges Clemenceau se promenait dans les boyaux qui entouraient en Champagne le fort de la Pompelle, parmi ceux de la IVe Armée commandée par le manchot Gouraud.

Pourquoi là, et pas ailleurs ? Parce que Georges Clemenceau avait ses renseignements, communiqués par le Deuxième Bureau. Le quartier-maître général Ludendorff, chef d'état-major de l'armée allemande, était un redoutable tacticien qui s'était donné les moyens de percer à coup sûr le front allié grâce à l'emploi de troupes spéciales fort bien entraînées à l'assaut en synchronisation parfaite avec l'artillerie et disposant d'armes effroyablement efficaces comme les lance-flammes, qui brûlaient tout, les premiers fusils-mitrailleurs et les fusils lance-grenades, ainsi que les obusiers portables, les *minenwerfer*.

Au début de juillet 1918, on s'attend à une nouvelle offensive sur ce front. Clemenceau grimpe le lacet des tranchées vers les monts de Champagne, en compagnie de Gouraud. Il redescend vers les premières lignes, par des boyaux blancs de craie.

– Des têtes hirsutes, explique-t-il, surgissent fantastiquement d'invisibles trous de mitrailleuses. Faces muettes, les unes impassibles, d'autres au sourire grave, qui font mine de s'aligner pour le salut militaire... Et la rude main présente un petit bouquet de fleurs crayeuses, augustes de misère et flamboyantes de volonté.

Il découvre là, au front, ces giroflées roses qui poussent dans le rocher, s'accrochent aux moindres parcelles, constituent des nappes de couleurs sous les yeux embués de larmes des soldats. Dans le paysage dévasté par la guerre, la floraison des giroflées tient du miracle. Clemenceau garde précieusement le bouquet. À sa mort, il le fera mettre dans son cercueil, quand il sera enseveli en Vendée, aux côtés de son père. Un bouquet qui vient du cœur.

Le myosotis d'Armentières

Les Anglais, leurs alliés canadiens, néo-zélandais, indiens, australiens sont de plus en plus nombreux en France pendant la Première Guerre mondiale : ils étaient cent cinquante mille en 1914, ils seront plus de deux millions quatre ans plus tard. Calais est une ville anglaise, comme Armentières. Ils se battent furieusement à Vimy, lieu de martyre pour les Canadiens, à Cambrai, où ils livrent en 1916 la première bataille de chars de l'histoire, à Arras, dans toutes les villes du Nord non occupées par l'ennemi.

L'armée anglaise était au départ chic, propre et professionnelle. Mais le gouvernement de Sa Majesté a dû lever des hommes pour faire face aux pertes, de plus en plus d'hommes, qui vont mourir aux côtés des Belges et des Français dans les plaines humides du Nord.

Les offensives du maréchal Haig, qui commande l'armée anglaise en 1918, sont aussi désastreuses que celles de Joffre ou de Nivelle. Les Allemands, malgré le génie de Ludendorff, n'ont cependant pas réussi à percer le front. Les Anglais doivent prendre patience dans les tranchées, à l'arrière dans les caves des villes bombardées, martyrisées comme Arras. Ils combattent en pays étranger, sans savoir si la guerre finira jamais, sans en comprendre clairement les buts. Leur moral, au début de 1918, est au plus bas. Haig vient de manquer, au printemps de 1917, sa dernière offensive.

Rien ne peut relever le moral de tous ces hommes jeunes, qui ont passé un nouvel hiver dans la boue des tranchées, perdant leurs camarades lors des bombardements, attendant sur leur front le premier assaut des Allemands le 21 mars 1918. Leur seule consolation est de recevoir des lettres du pays, timbrées à l'effigie de George V. Quand le vaguemestre, débouchant du boyau avec son sac de courrier, apporte sa moisson de nouvelles, tous les *tommies* se précipitent, comme si la guerre était finie. Ils poussent des hourras en pillant les sacs.

Les plus ardents sont les plus jeunes, ceux qui attendent des lettres ou des cartes de leurs fiancées. Jamais les fleurs séchées n'ont fait l'objet de pareils échanges entre le front et les foyers anglais. Par milliers les jeunes filles d'Angleterre, marraines de guerre, envoient à leurs chevaliers ces *forget me not*, ces myosotis qui évoquent les campagnes anglaises où paissent paisiblement, dans des prés bien clos, les moutons aux laines hautes. Le myosotis vient au premier rang des fleurs de la fidélité, de l'amour tendre qui perdure en secret.

Mais il peut être aussi servi frais, directement cueilli dans les prés de l'arrière, quand les soldats au repos rencontrent les *Demoiselles d'Armentières*, une des chansons les plus populaires de l'armée du maréchal Haig avec *Alouette, gentille alouette*. En ce cas, le don du myosotis signifie passion, tendre reproche pour le soldat qui va partir et, peut-être, ne reviendra pas dans le secteur après sa permission en Angleterre. Les *Demoiselles d'Armentières* parlent mal l'anglais, mais connaissent admirablement le langage des fleurs. Elles s'en servent pour retenir par la sincérité de leurs sentiments leurs amoureux de rencontre. Le don du myosotis, comme ailleurs celui de la marguerite, a ce sens très simple : *forget me not !*

Les coquelicots de Verdun

Le coquelicot est une fleur éphémère, qui germe et pousse à la vitesse de la lumière dans les champs de blé à la fin du printemps. Chacun connaît la tache pourpre de ses larges pétales de papier froissé, brillants au soleil, habités d'un cœur noir comme celui du pavot. Le coquelicot disparaît comme il est venu, sur un coup de vent.

La terre de Verdun, en 1916 est la moins hospitalière qu'on puisse imaginer : sur vingt kilomètres carrés, les canons allemands ont touché chaque mètre, chaque centimètre de terrain, transformant la surface en croûte lunaire entièrement ponctuée d'entonnoirs dont le fond est garni d'eau saumâtre, souvent jaunâtre en raison du chlore des obus à gaz.

Seuls les rats peuvent survivre à Verdun, en mangeant les cadavres de chevaux qui empestent l'atmosphère, en rongeant les os des chiens de service, qui meurent aussi à la bataille. Les oiseaux ont disparu. Il n'y a plus de feuilles aux arbres. Depuis longtemps les chênes du bois des Caures ont été hachés par la mitraille, déracinés par les 210, ils gisent comme des géants morts.

Les hommes survivent dans des trous creusés dans la paroi des tranchées car le fond, malgré le caillebotis, est en permanence boueux ou inondé. Ils manquent terriblement d'eau et ne peuvent guère dormir. Ils doivent être relevés souvent pour passer en deuxième ligne, où ils ne sont pas plus tranquilles, les obus allemands tombant même sur les hôpitaux de Verdun et sur les camions de la Voie sacrée.

Les hommes sont là pour mourir. Les pertes sont effroyables. Pendant les offensives, il est impossible d'enterrer les morts. Quand on réussit à les réunir dans des bâches pour les jeter dans une fosse commune, le prochain bombardement fait exploser les cadavres et les répand dans ses geysers de rocaille et de terre.

Verdun est la terre sans espoir, où la bataille meurtrière se poursuit jusqu'à la fin de 1916 et se prolonge l'année suivante. Une fleur cependant a réussi à s'accrocher au sol dévasté de Verdun, le coquelicot. Ses graines étaient tapies dans le sol. Aux bombardements de juillet 1916, elles ont été prises par le vent, qui les a jetées en tourbillons sur la terre fraîchement remuée par les obus. Des couronnes denses de coquelicots fleurissent ainsi autour des trous où geignaient les blessés, le corps haché d'éclats.

La floraison ne dure que quelques jours, mais elle apporte aux combattants la surprise de la vie : ainsi les fleurs peuvent encore pousser à Verdun, sur ce champ de bataille où chaque mètre de terrain cache au moins un cadavre. À voir fleurir les fleurs rouges, les hommes reprennent confiance, comme si la guerre devait se terminer avec les prochaines moissons. Ils pensent à leurs champs de blé, égayés de coquelicots, où les femmes et les enfants s'affairent autour des gerbes. Ils ont hâte de rentrer.

Le coquelicot tombe vite. Il flanche sur sa tige, perd ses pétales. Les hommes pleurent : l'automne approche, avec ses colchiques. Bientôt l'hiver s'installera de nouveau, repoussant à un an encore la fin de cette guerre interminable. Reverront-ils sortir, l'année suivante, les nouveaux coquelicots ?

Les bleuets du 11 novembre

Les bleuets de l'armistice sont des fleurs artificielles et symboliques, qui rappellent le bleu horizon des capotes des poilus. Le bleu est couleur de France, nationale pour ainsi dire, ce 11 novembre 1918 ou les boy-scouts et les demoiselles de la Croix-Rouge font la quête dans Paris pour les gueules cassées et les familles des soldats tués à la guerre. Ils sont plus de un million trois cent mille, sans compter les disparus et les blessés.

Il n'y a pas dans toute l'histoire de France d'équivalent à ce massacre. Dans la guerre imposée aux peuples d'Europe par une logique des alliances que les gouvernements ne dominent pas, les Français sont aux avant-postes. Ils se feront tuer les premiers, comme les Russes. Le pays tout entier est associé pendant quatre ans à cet effort de guerre qui entraîne les jeunes Allemands sous l'uniforme dès l'âge de 18 ans, et naturellement aussi les Français. Il n'existe pas de famille, en 1918, qui n'ait ses victimes de guerre. Certaines ont perdu le père et les enfants.

Fleurs de victoire, les bleuets ? Où est la victoire, quand le pays est exsangue et que les alliés ne sont pas d'accord entre eux pour faire la paix ? Les bleuets sont plutôt les fleurs du souvenir. Les pertes ont été trop sévères pour que l'explosion de joie du 11 novembre signifie autre chose que la satisfaction des peuples d'en avoir enfin fini. Il se trouve que les Français ont payé un prix très lourd dans cette guerre civile européenne. Ils étaient, en 1914, trente-neuf millions seulement contre le double d'Allemands et d'Autrichiens. Ils ont été, avec les Russes, les premières victimes des combats.

Le bleuet est la fleur tendre du souvenir, celle que portent ceux qui ne veulent pas oublier. Il pousse, avec le coquelicot et la marguerite, dans les champs de blé de l'Île-de-France, promesse de moissons. Il est une fleur d'espoir, patriotiquement unie aux autres fleurs des champs. Ce symbole touche une France restée largement rurale, qui n'a pas oublié les promenades champêtres dans les sentiers ombragés d'églantines, ni les bains du mois d'août dans les rivières fraîches et non polluées. Le bleuet est le symbole simple de cette vie tranquille : il promet le retour à la paix.

Il est couleur de ciel, et pas seulement fleur d'espérance. Le bleu est la première couleur du drapeau, celle qui habillait les soldats de la Révolution et de l'Empire. Bleu sombre, de la teinte des fleurs de montagne comme les gentianes. Le passage au bleu horizon dans l'uniforme signifiait que le soldat devait se fondre, comme le bleuet, dans la couleur du ciel. Seules les troupes coloniales étaient habillées de kaki, couleur de terre. Le soldat français de France avait la couleur des nuées, et se confondait avec l'horizon.

La carrière du bleuet est faite : il paraît, en fleurs véritables et non plus artificielles, aux défilés du 14 juillet. On tend des bleuets aux soldats dans les défilés de province, on les a cueillis pour eux. Foch et Pétain défilent sous l'Arc de Triomphe en bleu de ciel, en bleu horizon, lors du défilé gigantesque des quarante contingents alliés du 14 juillet 1918. Les Anglais, les Américains et les Canadiens sont en kaki, les Serbes en vert, les Roumains sont couleur de moutarde, les Grecs en beige clair, les Belges en bleu sombre. Le bleu du bleuet est français, exclusivement, comme le rouge du coquelicot sera longtemps la couleur des Anglais en armes. Il est la fleur de la nation.

Le mimosa du prisonnier

Ce normalien, agrégé de philosophie, professeur au lycée de Nice, âgé seulement d'une trentaine d'années, est lieutenant d'infanterie en juin 1940. Comme deux millions de ses camarades, il est fait prisonnier pendant la bataille de France et interné dans un camp pour officiers, un oflag, sur la terre glacée de la Poméranie prussienne.

Le destin des officiers, leur devoir, est de tenter l'évasion. Leur rêve permanent est de s'évader. Un des collègues philosophes de notre Niçois, le professeur Jean Beauffret, s'évade en se procurant un habit de noceur. Il circule dans les villes de nuit, comme s'il sortait d'un music-hall. Beaucoup d'autres creusent des tunnels, se font reprendre, essaient de nouveau jusqu'à se faire interner, comme Fernand Braudel, dans le camp disciplinaire de Lübeck, où la vie quotidienne est ponctuée de rudes obligations.

La vie à l'oflag est dure, parce que les officiers n'ont pas le droit de sortir et de travailler aux champs, comme ceux des stalags, qui peuvent être hébergés dans les fermes, où ils remplacent les paysans allemands partis au front ou tués à la guerre. Les officiers doivent rester dans l'enceinte des barbelés, surveillée par les miradors. Beaucoup réussissent à se procurer des livres et à travailler. Ils organisent entre eux des spectacles, se procurent les oripeaux nécessaires. Leur plus grande satisfaction est de recevoir des lettres et des colis. Les citadins sont moins avantagés que les ruraux, mais les colis contiennent toujours des vivres ou des friandises, ainsi que des pull-overs ou des chaussettes tricotés à la maison. Le froid est vif. Les hommes ont besoin de lainages.

Le Niçois est le plus affecté par le régime du camp. Le brouet prussien passe mal. Il regrette le pain bagnat et la pizza au four. Il ne sent plus le parfum des arbres de son jardin, sur les hauteurs de Nice. Il a perdu le souvenir des oliviers battus par le mistral et des chênes kermès aux troncs noueux de la garrigue. Les boîtes de sardines et de pâté de tête ne le séduisent guère. Il a des envies féroces de pointes d'asperges tendres et de lapin au romarin.

Il est le plus mal servi en colis. La région niçoise est pauvre, les vivres manquent. La famille ne peut faire des miracles. Un jour, il reçoit un énorme paquet, d'une longueur inhabituelle. Les camarades se précipitent pour assister au dépiautage de l'enveloppe de carton. Le Niçois prend son temps. Il a peur d'une mauvaise surprise. Pourtant un parfum inconnu des camarades, qu'il identifie immédiatement, sort de la caisse de bois blanc. Du mimosa !

Il pleure d'attendrissement. Sa mère n'a à lui offrir ni beurre ni foie gras, ni oranges ni citrons. Elle lui a cueilli du mimosa, la fleur symbolique de Nice, celle qui embaume les collines en février jusqu'aux limites des Alpes. Le camp glacé de Prusse prend soudain un parfum de paradis. Tout devient possible à celui qui porte sur son cœur un brin de mimosa. Il est libéré de son angoisse, tiré pour un temps de l'obscurité glauque du camp, disponible pour la liberté du rêve, la plus précieuse de toutes. Les grains de mimosa brillent dans l'obscurité de la chambrée comme des pépites d'or. Elles n'ont en effet pas de prix puisqu'elles rendent l'espoir au plus infortuné des prisonniers de l'oflag.

Il s'appelait Passeron.

Le chrysanthème au fusil

– Une fois dans sa vie, dit au prince Konoé le général Tojo, responsable de la guerre au Japon et Premier ministre de l'Empereur, une fois dans sa vie, un homme doit savoir se jeter du haut de la terrasse du temple de Kiyomizu.

Cette armée japonaise qui fait du suicide une vertu, en cas d'échec, n'admet pas la faiblesse ordinaire des lois de la guerre. Elle n'a pas besoin, pour combattre, de relier ses unités à un état-major général, les divisions sont autonomes et sont conçues pour agir isolément. Chaque chef est responsable de son action, investi personnellement par l'Empereur s'il est de la classe féodale supérieure des *shinnin*. Chaque colonel, chaque capitaine dispose d'une autorité féodale. Même les sous-officiers, les *hannin*, font partie d'une classe. Chaque soldat est aussi responsable de sa propre personne, parce qu'il porte sur la crosse de son fusil le chrysanthème impérial. La moindre des choses est de mourir sans chercher à se rendre. C'est le premier article du code militaire.

Le soldat est sous le signe de la fleur sacrée, celle qui fait de lui un élu du *Shinto*, de la voie des dieux, celle qui impose le culte impérial. Il doit être prêt à mourir pour lui, si la victoire ne sourit pas à la bannière du soleil levant. Le chrysanthème est une fleur d'or, qui s'éclate au soleil blanc sur fond rouge du drapeau japonais.

Au combat, la foi dans le Shinto impose les plus grands sacrifices : les fantassins japonais marchent sac au dos soixante-dix kilomètres par jour. Être soldat est un honneur qui se mérite. Les départs à l'armée, dans les villes comme dans les villages, s'accompagnent de fêtes religieuses et familiales, où participent tous les parents. Une fois embrigadé, le soldat n'a d'autre choix que de vaincre ou mourir.

Après la prise d'Okinawa par les Américains, les Japonais doivent être débusqués un par un. Quand se rendront-ils tous ? se demande le général MacArthur. Il ne peut en être question. Les généraux sont morts. Ils appartenaient, pour les plus nobles d'entre eux, à l'ordre du Chrysanthème (*Dai Kun*) extrêmement fermé, réservé aux familiers de l'Empereur. On les saluait de titres nobiliaires : *shinno* ou *miya* (princes du sang et parents de l'Empereur), *denka* (Votre Altesse), on s'inclinait devant eux comme s'ils étaient détenteurs d'un pouvoir religieux.

Le chrysanthème gravé sur la crosse du fusil était sacré. Ceux qui avaient trouvé refuge dans les arbres géants d'Okinawa avaient appris de la bouche des sous-officiers que leurs fusils étaient un don de l'Empereur, qu'ils ne pouvaient l'abandonner sans sacrilège.

Un de ces soldats vécut trente ans après la fin de la guerre dans la jungle, sans contact avec la population civile, sans jamais se manifester dans les villes pour se nourrir, pratiquant la méthode des *ninja*, ces agents spéciaux qui savaient au besoin s'attacher au sommet des arbres, faire le mort pour tromper l'ennemi, attaquer de nuit, le visage barbouillé de suie et se replier en silence dans leurs retraites introuvables. Personne ne soupçonna la présence dans les forêts d'Okinawa du ninja inspiré, fidèle au Shinto, qui adorait l'Empereur à chaque lever du soleil en conservant à portée de la main son fusil marqué du chrysanthème : il était sûr d'avoir avec lui les dieux.

Le bouquet du 14 juillet

Le 14 juillet 1940, le général de Gaulle écrit à Londres : « Le 14 juillet fut jadis la fête de la nation française. Mais il n'y a plus de fête pour un grand peuple abattu. »

Comment rassembler les Français de France, ceux qui doutent de l'avenir dans les colonies et territoires soumis à l'administration de Vichy, ceux qui sont éparpillés dans tous les pays étrangers ? Comment les réunir sinon dans le souvenir de la grande fédération de 1790, celle qui posait les fondations de la nation française ? Quand il est seul à Londres, entouré d'une poignée de fidèles, c'est à la Révolution française que de Gaulle a recours pour appeler à lui les volontaires.

« Cette fête, naguère éclatante, cette fête où nos régiments défilaient sous les vivats... son souvenir même nous est lointain. Quelques affreuses semaines ont creusé un abîme entre notre présent et notre passé ? Qu'ils sont longs, les jours du désastre ! »

La France est coupée en quatre, des zones annexées, interdites, militairement occupée, soi-disant libre, sous le gouvernement croupion de Vichy. La France n'a plus d'espoir, elle s'est retirée de la guerre. De Londres, de Gaulle veut la réveiller. Il fait défiler dans les rues de la ville les unités squelettiques des premiers Français libres.

« Est-ce à dire que ce 14 juillet de deuil n'aura pour notre peuple aucune signification ? Il faut que ce soit le contraire. Au fond de notre abaissement, ce jour doit nous rassembler dans la foi, la volonté, l'espérance. »

À cette date, les Allemands sont triomphants. Le Parlement français réuni à Vichy vient de mettre fin à la constitution de la République pour s'en remettre entièrement à la dictature de Pétain et de Laval. Quelques jours plus tôt la flotte anglaise a tiré sur les navires français désarmés dans la rade d'Oran, à Mers el-Kébir. De Gaulle est isolé. Les colonies d'Afrique restent fidèles à Pétain. L'Algérie, la Tunisie et le Maroc abritent des éléments de l'armée d'armistice, aux ordres de Vichy. Un gouverneur de Pétain traite en Indochine avec les Japonais. Les avions allemands s'apprêtent à bombarder l'Angleterre pour rendre possible l'invasion des îles par la Wehrmacht. Hitler a-t-il gagné la guerre ?

« Le 14 juillet, poursuit de Gaulle, ne marque pas seulement la grande douleur de la patrie. C'est aussi le jour d'une promesse que doivent se faire les Français. Par tous les moyens dont chacun dispose, résister à l'ennemi momentanément triomphant, afin que la France, la vraie France, puisse être présente à la victoire. »

La « vraie France » est encore sous le choc. Pourtant de pieuses mains déposent sur les monuments aux morts de la précédente guerre des bouquets tricolores de bleuets, de marguerites et de coquelicots. C'est un signe de reconnaissance improvisé, pour ceux qui ne se résignent pas à cesser le combat, pour tous ceux qui ont rejeté l'agenouillement de la République à Vichy le 10 juillet. Les hommes et les femmes se rassemblent pour chanter la *Marseillaise*. Ils sont encore peu nombreux, mais ils sont là. Ils ont entendu la voix de Londres. Elle fait déjà fleurir l'espoir.

Les fleurs des martyrs

Bleuets, marguerites, coquelicots. Fleurs de 14 juillet, fleurs de résistance, qui décorent les monuments de 14-18 que l'on croyait oubliés et qui retrouvent leur dignité par le sacrifice des jeunes, ceux qui ne veulent pas que la France cesse d'exister.

Les fleurs des champs se cueillent en juillet. En mars, elles n'ont pas fleuri. Il n'importe, le 7 mars 1942, la tombe des quatre fusillés de Bourgogne reçoit des fleurs de serre.

Ils sont morts en héros, les quatre jeunes normaliens de Dijon. Au départ, ils étaient cinq. Ils avaient à peine vingt ans et s'appelaient René Romenteau, Pierre Vieillard, René Laforge et Jean-Jacques Schellenberger. Leur camarade Jouannaud avait été arrêté avec eux au mois de janvier, mais il avait été jugé devant un tribunal français et il avait obtenu un non-lieu. Pierre Vieillard devait passer devant le même tribunal. Serait-il, lui aussi, acquitté ?

– Entre-temps, explique sa mère, est arrivé de Paris l'ordre du gouverneur militaire de Paris Stulpnagel d'exécuter cinquante otages pour toute la France, dont cinq pour la Bourgogne. À Dijon, un des normaliens manquait, Jouannaud. Il fallait le remplacer. Le sort est tombé sur un jeune ébéniste qui s'appelait Creux.

Le 7 mars 1942, quatre jeunes tombaient à Dijon sous les balles allemandes. Leurs camarades jurèrent de les venger. Ils rejoignirent, de semaine en semaine, les maquis qui se constituaient en Bourgogne et dans le Jura. Ils entraient dans la résistance active. Les fusillés avaient fait des émules.

Un maquis de Bourgogne portait leurs noms. Leur souvenir était révéré à l'école normale d'instituteurs de Dijon, où les nouveaux arrivés se disposaient aussitôt à partir pour rejoindre les combattants. Une filière de recrutement s'était mise en place, qui inquiétait les Allemands.

Les jeunes ne manquaient en effet aucune occasion de rendre hommage aux quatre martyrs, fusillés comme otages, en représailles. Le *feld-commandant* allemand de la place de Dijon, Jahn, finit par écrire au préfet nommé par le gouvernement de Pétain, responsable de l'ordre en Côte-d'Or : « Je vous prie d'informer les familles. Il leur est permis d'orner les tombes et d'y ériger, selon l'usage, les croix et pierres tombales. Il est interdit d'y faire inscrire une mention ou symbole relatant l'exécution en tant que mesure expiatoire, ou ayant le caractère d'une glorification politique du condamné à mort. »

Les Allemands toléraient les tombes. Ils admettaient les fleurs. Les jeunes de Dijon, qui multipliaient les V de la victoire et les croix de Lorraine à la craie sur les murs de la ville, ne manquèrent pas de profiter de la seule liberté qu'on leur concédait, à condition que les fleurs fussent neutres : fleurir les tombes. Elles furent au 14 juillet recouvertes de bleuets, de coquelicots et de marguerites. Tous étaient au rendez-vous pour chanter la *Marseillaise*, bravant les Allemands et leurs alliés vichystes. Le martyre des fusillés de Dijon, grâce aux fleurs cueillies dans les champs, devenait symbolique du combat désormais engagé par la jeunesse du pays pour sa libération. Les fleurs servaient de signal, et presque de drapeau. Elles annonçaient le retour des beaux jours de 1944, dans la liberté retrouvée, elles anticipaient sur les bouquets de Paris au mois d'août.

Index des fleurs

Table

DU MÊME AUTEUR

AUX ÉDITIONS ALBIN MICHEL

Lettre ouverte aux bradeurs de l'Histoire, 1981.
Le Magasin de chapeaux, 1992.
Petite Histoire des noms de lieux, villes et villages de France, 1993.
Petite Histoire des stations de métro, 1993.
Le Jeune Homme au foulard rouge, 1994.

AUX ÉDITIONS FAYARD

Histoire de France, 1976.
Les Guerres de Religion, 1980.
La Grande Guerre, 1983.
Poincaré, 1984.
La Seconde Guerre mondiale, 1986.
La Troisième République, 1989.
L'Histoire du monde contemporain, 1991.
La Guerre d'Algérie, 1992.
Vincent de Paul, 1996.

CHEZ D'AUTRES ÉDITEURS

Histoire de la radio et de la télévision, Perrin, 1984.
Mourir à Verdun, Tallandier, 1994.

Cet ouvrage a été composé
par I.G.S. - Charente Photogravure
à L'Isle-d'Espagnac
et imprimé sur les presses
de Pollina à Luçon

N° d'édition : 15951
N° d'impression : 71352
Dépôt légal : février 1997